THE EDGE OF
AFRICA

The eyes of nature give a face to the forest. Kin to pygmy owls, the small, forest-dwelling Red-chested Owlet feeds on insects and small animals, including other birds.

Les yeux de ses hôtes donnent un visage à la forêt. Apparentée aux chouettes pygmées, la chevêchette à pieds jaunes, hôte des forêts, se nourrit d'insectes et de petits animaux, notamment d'autres oiseaux.

Glaucidium tephronotum

The Congo Basin rainforest – second largest rainforest expanse in the world – stretches halfway across the continent to touch the Atlantic tide. A mishmash of inland wildlife spills onto the beach. African forest elephants, hippos, forest buffalos, leopards, sea turtles, Nile crocodiles, western lowland gorillas, pelicans, and ghost crabs find common ground on a ribbon of sand.

La forêt tropicale humide du bassin du Congo, deuxième au monde pour la superficie, s'étire depuis le centre du continent africain jusqu'à la côte atlantique, où on trouve toutes sortes d'animaux sauvages venus de l'intérieur des terres. Éléphants de forêt, hippopotames, buffles de forêt, léopards, tortues de mer, crocodiles du Nil, gorilles de plaine, pélicans et crabes fantômes se partagent une même langue de sable.

Chamaeleo dilepis

Establishing a new national park system to conserve intact, old ecosystems gives Gabon's wildlife an edge. In September 2002, Head of State, President Omar Bongo signed 11 percent of the country into full protection, creating 13 national parks – and a chance of survival for countless species such as African forest elephants.

Grâce à la création d'un tout nouveau réseau de parcs nationaux, de vieux écosystèmes ont été préservés et la flore et la faune du Gabon sont ainsi privilégiées. En septembre 2002, le président Omar Bongo a créé 13 parcs nationaux, faisant ainsi de 11 p. cent de la superficie du pays une vaste zone totalement protégée, afin de favoriser la survie d'innombrables espèces incluant l'éléphant de forêt.

Some 77 percent of Gabon is cloaked in dense, hilly forest, giving way to patchy plateaus, hairpin rivers, and a scalloped coast. Three low mountain chains – the Massif du Chaillu, Monts de Cristal, and Monts Doudou, above – hold refuge for rare species unique to Gabon.

Environ 77 p. cent du territoire gabonais sont recouverts d'une forêt dense et vallonnée à laquelle succèdent des plateaux épars, des rivières tortueuses et une côte festonnée. Trois chaînes de montagnes peu élevées – le massif du Chaillu, les monts de Cristal et les monts Doudou, ci-dessus – y abritent des espèces rares uniques au pays.

Territorial displays of *Hippopotamus amphibius* involve tusklike 60-centimeter canines weighing almost 3 kilograms in a mouth that can open to 120 centimeters. Valued for superior ivory, meat, and hide, hippos face threats across Africa; the Gamba Complex is an important refuge for hippos in Gabon.

Pour affirmer ses droits territoriaux, *Hippopotamus amphibius* ouvre une gueule large de 120 centimètres, exhibant de redoutables canines qui peuvent atteindre 60 centimètres de long et peser trois kilos chacune. Recherchés pour leur ivoire de qualité supérieure, leur chair et leur peau, les hippopotames sont menacés partout en Afrique; on en retrouve une population importante pour le Gabon au Complexe de Gamba.

Intricate patterns camouflage the sand snake in its grassy homeland, where it hunts frogs, small birds, and lizards by day. This incredibly fast snake is considered a new species currently being described by scientists. Biological inventories take stock of nature and can lead to interesting discoveries.

Grâce à des motifs enchevêtrés, le serpent des sables passe inaperçu dans son habitat herbeux où, de jour, il chasse grenouilles, petits oiseaux et lézards. Ce serpent des sables, à la rapidité époustouflante, est considéré comme une nouvelle espèce que les scientifiques s'emploient actuellement à décrire. Les inventaires biologiques, répertoires de la nature, peuvent mener à des découvertes très intéressantes.

Psammophis cf. phillipsii

The striped leaf-folding frog *Afrixalus dorsalis* lays its eggs in a foamy mass folded within leaves.

Cette rainette rayée (*Afrixalus dorsalis*) pond ses oeufs en amas mousseux sur une feuille qu'elle replie ensuite sur elle-même.

Dugout canoes – "pirogues" – hewn from single logs are universal vessels. A 14-meter pirogue carved from an okoumé tree slides over morning waters near the village of Setté Cama.

Canoës faits de troncs d'arbres évidés, les pirogues sont le moyen de transport le plus usité sur les cours d'eau. Une pirogue de 14 mètres de longueur taillée dans un okoumé glisse sur l'eau au petit matin près du village de Setté Cama.

THE EDGE OF AFRICA

Smithsonian
National Zoological Park

CARLTON WARD JR.
MICHELLE LEE
FRANCISCO DALLMEIER • ALFONSO ALONSO

HYLAS
PUBLISHING

Hylas Publishing

Sean Moore *Publisher / Éditeur*
Karen Prince *Creative Director / Direction artistique*
Gus Yoo *Designer / Conception graphique*

Carlton Ward Jr. *Photographer & Book Manager / Photographie et production*
Michelle E. Lee *Author / Rédaction*
Francisco Dallmeier *Director / Directeur, SI/MAB Program*
Alfonso Alonso *Director / Directeur Conservation, SI/MAB Program*
Marion F. Briggs *Photography Editor / Éditeur de la photographie*
Deanne Kloepfer *Text Editor / Directrice de rédaction*
Adam Wilcox *Text Research / Recherche de rédaction*
Halifax Translation Bureau *French Translation / Traduction en français*
Olivier S.G. Pauwels *French Translation / Traduction en français*
Ellen Nanny *Smithsonian Business Ventures*

First published by
Hylas Publishing
129 Main Street
Irvington, New York 10533

Smithsonian Institution
Monitoring and Assessment of Biodiversity Program (SI/MAB)
S. Dillon Ripley Center
1100 Jefferson Drive SW, Suite 3123
Washington, DC. 20560-0705

First American Edition published in 2003
02 03 04 05 10 9 8 7 6 5 4 3 2 1

ISBN 1-59258-040-8

Set in Berkeley.

Printed and bound in England by Butler and Tanner.
Color origination by Radstock Reproductions Ltd.,
Midsomer Norton.

Distributed by St. Martin's Press.

CONTENTS
TABLE DES MATIÈRES

African forest elephants *Loxodonta africana cyclotis* are considerably smaller than their savanna counterparts, easing passage through thick vegetation. Veiled in foliage, they are difficult to track to learn about their biology, ecology, or conservation status. Gabon shelters some 50,000 to 60,000 elephants, a critical sanctuary for a keystone, protected species

L'éléphant de forêt d'Afrique (*Loxodonta africana cyclotis*) est considérablement moins grand que son homologue des savanes, ce qui lui permet de se déplacer dans les régions où la végétation est dense. Son aptitude à se dissimuler dans la verdure rendent difficiles l'étude de sa biologie et de son écologie comme l'évaluation du statut de conservation de l'espèce. Abritant de 50 000 à 60 000 éléphants, la forêt gabonaise est un refuge pour cette espèce prioritaire en matière de protection

FOREWORD FROM THE PRESIDENT OF THE GABONESE REPUBLIC, EL HADJ OMAR BONGO
PRÉFACE DU PRÉSIDENT DE LA RÉPUBLIQUE GABONAISE, EL HADJ OMAR BONGO

Welcome to the Gamba Complex of Gabon. Our country is pleased to have an extraordinary richness of natural resources. Through these pages, I am convinced that you will come to know this unique region, its diverse species of plants and animals, and its importance to the world.

The Gamba Complex showcases the efforts we have taken to conserve the natural heritage of Gabon. Loango and Moukalaba-Doudou national parks, at the core of the Gamba Complex, are two of the 13 parks in our new national park network, which allow us to protect 11 percent of land and water. This park network is an essential element in our national strategy for environmental conservation. We equally support the establishment of environmental education programs in the country and have ratified various treaties and conventions for the protection of floral and faunal habitats.

Partnerships with several international organizations have contributed to the success of conservation initiatives in Gabon.

For the past three years, the Smithsonian Institution, Shell Foundation, and Shell Gabon have worked with Gabonese and international experts to evaluate and document the beauty and biodiversity of our country within the framework of the Monitoring and Assessment of Biodiversity Program. This program, which brings together scientific research and field work, constitutes a major advance in the research of balancing conservation with the objectives of petroleum production.

The more we know of our natural heritage, the better prepared we will be to protect and use it in a wise manner for the benefit of the whole world and future generations.

I invite you to visit Gabon and the Gamba Complex. You can discover for yourself the potential that exists in our country to conserve rare and protected species and the efforts we have made to develop natural resources in a responsible way, bringing together environmental protection and new initiatives like ecotourism.

Bienvenue au Complexe de Gamba en République gabonaise. Notre pays peut se satisfaire de disposer d'une extraordinaire richesse en ressources naturelles. A travers ces pages, je suis convaincu que vous trouverez de nombreuses informations sur cette région unique, ses diverses espèces animales et végétales et son importance dans le monde.

Le Complexe de Gamba montre les efforts que nous avons consentis pour préserver le patrimoine naturel du Gabon. Il compte en son sein les parcs nationaux de Loango et de Moukalaba-Doudou, deux des treize parcs de notre nouveau Système de Parcs Nationaux qui nous permet de protéger 11% des terres et des eaux. Ce système de parcs est un élément essentiel de notre stratégie nationale de conservation de l'environnement. Nous soutenons également la mise en place de programmes d'éducation environnementale dans le pays et avons ratifié les différents traités et conventions relatifs à la protection de l'habitat, de la faune et de la flore.

Les partenariats établis avec plusieurs organisations internationales ont contribué au succès des initiatives de conservation au Gabon.

Pendant trois ans, la Smithsonian Institution, la Fondation Shell et Shell Gabon ont travaillé avec des experts gabonais et internationaux pour évaluer et documenter la beauté et la biodiversité de notre pays dans le cadre du Programme d'évaluation et de surveillance de la biodiversité au Gabon. Ce programme qui allie à la fois la recherche scientifique et l'expérience sur le terrain, constitue une avancée majeure dans la recherche d'équilibre entre la conservation et les objectifs de production pétrolière.

Plus nous saurons informés sur notre héritage naturel, mieux armés nous serons pour le protéger et l'utiliser de façon judicieuse pour le bénéfice de toute la planète et des générations futures.

Je vous convie à visiter le Gabon et le Complexe de Gamba. Vous pourrez, par vous-même, découvrir aussi bien le potentiel de notre pays en matière de conservation d'espèces rares et protégées que les efforts que nous avons entrepris dans le développement responsable de nos ressources naturelles, en alliant la protection de l'environnement et la mise en œuvre de nouvelles initiatives telles que l'écotourisme.

El Hadj Omar BONGO
President of the Republic of Gabon
Président de la Republique gabonaise

The Chestnut-flanked Sparrowhawk follows swarms of aggressive driver ants to catch fleeing prey, including small mammals, lizards, and birds. Accipiters are woodland birds, with shorter, more rounded wings for maneuvering through trees.

L'autour à flanc roux suit les redoutables légions de fourmis processionnaires, profitant de l'affolement qu'elles créent pour capturer petits mammifères, lézards et oiseaux en fuite. Ces autours sylvicoles sont dotés d'ailes courtes et arrondies qui leur permettent de manoeuvrer aisément entre les arbres.

Accipiter castanilius

FOREWORD FROM U.S. SECRETARY OF STATE COLIN L. POWELL
PRÉFACE DU SECRÉTAIRE D'ÉTAT DES ÉTATS-UNIS, COLIN L. POWELL

The forests of Gabon are a natural treasure for all the people of the planet, housing an incredible diversity of plant and animal species. It is the responsibility of all of us to cherish and preserve this treasure for our families and future generations. Forests around the planet are vital to our well-being. They play an irreplaceable role in sustaining our environment, absorbing carbon dioxide, cleansing water, and holding the soil. However, tropical forests are disappearing at an alarming rate, and they need our help.

The United States has a proud tradition of working to preserve forests. We have invested in our environment, recognizing our responsibility to preserve it for future generations, and that tradition continues under the leadership of President Bush. At the 2002 World Summit on Sustainable Development in Johannesburg, I had the privilege of announcing the new Congo Basin Forest Partnership. This initiative will help protect one of the world's largest and most vital tropical forest regions. Immediately after it was launched, Gabon's President Bongo established a national park system encompassing 11 percent of his country's territory. I had the pleasure of visiting one of the parks as it was being established.

This volume is an outstanding representation of Gabon's heritage and the importance of a sustainable future for the world's forests.

De par la diversité des espèces animales et végétales qu'elles abritent, les forêts du Gabon sont un véritable trésor naturel pour tous les habitants de la planète. Nous nous devons de chérir et de préserver ce trésor pour que les générations actuelles et futures puissent en profiter. Les forêts de la planète sont essentielles à notre bien-être, car elles jouent un rôle unique dans le maintien de notre environnement, en absorbant le dioxyde de carbone, en filtrant l'eau et en fixant le sol. Malheureusement, les forêts tropicales disparaissent à un rythme alarmant; c'est pourquoi nous devons nous porter à leur secours.

Les États-Unis oeuvrent depuis longtemps avec fierté à la préservation des forêts. Nous avons investi dans notre environnement en prenant conscience que nous devions le préserver pour les générations futures et nous continuons de le faire sous la houlette du Président Bush. Lors du Sommet mondial sur le développement durable qui s'est déroulé à Johannesburg en 2002, j'ai eu le privilège d'annoncer l'instauration du Partenariat pour la forêt du bassin du Congo, initiative qui contribuera à la protection de l'une des plus grandes et des plus vitales forêts tropicales de la planète. Immédiatement après la création du Partenariat, le président Bongo du Gabon mettait sur pied un réseau de parcs nationaux couvrant 11 pour cent du territoire gabonais. J'ai eu le plaisir de visiter un de ces parcs au moment de sa création.

Le présent volume dépeint de façon exemplaire le patrimoine du Gabon et montre l'importance de la préservation des forêts de notre planète.

Colin L. Powell
United States Secretary of State
Secrétaire d'État des États-Unis

In rufous red and ribs of white, sitatungas *Tragelaphus spekei gratus* are shy, semi-aquatic forest antelopes with elongated, splayed hooves made for mucking through swamps. When threatened, they flee to deep water, swimming well and submersing up to their nostrils for safety.

Le sitatunga (*Tragelaphus spekei gratus*), à la robe rousse côtelée de blanc, est une timide antilope sylvicole semi-aquatique qui peut se déplacer dans les marécages grâce à ses sabots effilés. Bon nageur, il s'immerge totalement, pour se mettre à l'abri en cas de danger, dans les eaux profondes d'où il ne laisse dépasser que son muffle.

Our natural environment is a very precious resource and one on which we must all work together to protect and minimize our impact. Shell's partnership with the Smithsonian Institution, which began in 1996 with the Camisea project in the Amazon Basin, has provided us with invaluable guidance and expertise, helping us to develop and carry out our operations as sensitively as possible.

I am delighted that the latest phase in the partnership with the Smithsonian Institution is now taking place in Gabon. Africa's biodiversity is some of the richest in the world, and we take very seriously our duty to make a positive contribution to protect and preserve that natural wealth. Through the support of the Shell Foundation and Shell Gabon, and encouraged by the government of Gabon and local communities, the project outlined in this book has discovered a wealth of plant and animal life in an area that has also been home to oil and gas operations for the past 40 years. As operator, Shell Gabon is particularly pleased with the opportunity it has had to contribute to the advancement of worldwide biodiversity knowledge through a project also dear to the heart of its staff and families.

The World Summit on Sustainable Development in Johannesburg in 2002 highlighted the role business can play in providing practical solutions to the environmental challenges facing the world. This project in Gabon is a tangible demonstration of that work and shows the value that can be gained from governments, business, and scientific experts working in partnership to protect our natural resources.

Shell is very proud to be playing a part in this project, which, I believe, will leave an immensely positive legacy in Gabon and raise standards for conservation across the world.

Notre environnement naturel est une ressource des plus précieuses qu'il nous appartient de protéger en travaillant ensemble et en réduisant au minimum notre impact. Le partenariat entre Shell et la Smithsonian Institution, dont l'origine remonte au projet Camisea dans le bassin de l'Amazonie en 1996, nous a permis de bénéficier de conseils et d'une expertise inestimables en vue de développer et de mener nos activités de la manière la plus sensible possible.

Je suis ravi que ce partenariat avec la Smithsonian Institution se poursuive aujourd'hui au Gabon. La biodiversité de l'Afrique est l'une des plus riches au monde et nous prenons très au sérieux notre devoir de contribution positive à la protection et à la préservation de ces richesses naturelles. Grâce au soutien de la Shell Foundation et de Shell Gabon et à l'appui du gouvernement gabonais et des communautés locales, le projet à l'origine de cette publication a permis de découvrir un large éventail d'espèces végétales et animales dans une zone qui abrite parallèlement des activités d'exploitation du pétrole et du gaz depuis maintenant 40 ans. En sa qualité d'opérateur, Shell Gabon se félicite tout particulièrement d'avoir pu contribuer à faire progresser la connaissance de la biodiversité mondiale par le biais d'un projet cher à ses employés et à leurs familles.

Le Sommet mondial sur le développement durable de Johannesburg en 2002 a souligné le rôle que l'entreprise pouvait jouer en apportant des solutions pratiques aux défis environnementaux que connaît aujourd'hui notre planète. Ce projet au Gabon est un exemple tangible de cette approche et illustre les avantages d'un partenariat entre les gouvernements, le secteur privé et les experts en conservation pour protéger nos ressources naturelles.

Shell est très fière de participer à ce projet qui, j'en suis convaincu, aura pour le Gabon d'immenses retombées positives et contribuera à l'amélioration des normes de conservation dans le monde entier.

Sir Philip Watts
Chairman of the Committee of Managing Directors, Royal Dutch/Shell Group
Président du Comité des directeurs généraux du Groupe Royal Dutch/Shell

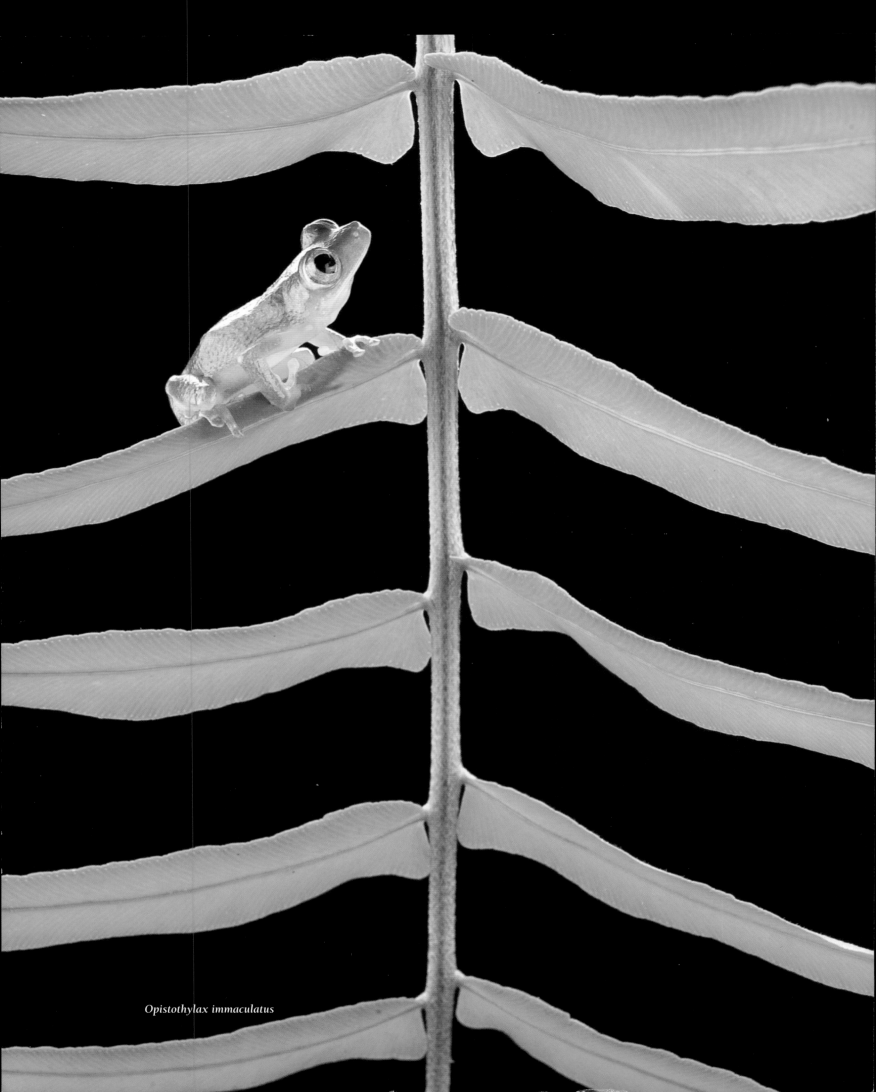

Opistothylax immaculatus

LETTER FROM THE SECRETARY OF THE SMITHSONIAN INSTITUTION, LAWRENCE M. SMALL
LETTRE DU SECRÉTAIRE DE LA SMITHSONIAN INSTITUTION, LAWRENCE M. SMALL

The Smithsonian Institution is proud to be involved in this exciting research and conservation project in the Gabonese Republic. It is another chapter in our long history of involvement in scientific exploration around the world.

The Smithsonian was established in 1846, thanks to a private bequest to the United States from English scientist James Smithson. He wanted his fortune "to found at Washington under the name the Smithsonian Institution, an establishment for the increase and diffusion of knowledge." Ever since it was founded, the Smithsonian has been an international institution with a deep and lasting commitment to scientific research, exploration, and discovery.

In Gabon, our scientists are working with the government, Gabonese scientists, Shell Gabon, and international counterparts to learn what species are found in the Gamba Complex and the ecological processes that govern the ecosystems. This vital information creates awareness of Gabon's rich biodiversity, aids industry in determining the best environmental practices, and supports long-term conservation efforts in the region.

This book and a number of other publications that describe the results of the Gabon Biodiversity Program are among the first accomplishments of the Smithsonian team and its partners. I thank the government of Gabon for allowing the Smithsonian to assist in documenting the country's storehouse of biodiversity and Shell Foundation and Shell Gabon for financial support in making this important endeavor possible. Working together, we are moving forward in creating, diffusing, and using biodiversity knowledge to benefit people around the world.

C'est avec une grande fierté que la Smithsonian Institution participe à ce fascinant programme de recherche et de conservation dans la République gabonaise. Il s'agit d'un tout nouveau chapitre dans notre longue histoire d'exploration scientifique de la planète.

La Smithsonian a été fondée en 1846 grâce au legs privé du scientifique anglais James Smithson à la population des États-Unis. Ce philantrope avait voulu que sa fortune aille aux États-Unis « pour que soit fondé, à Washington, sous le nom de Smithsonian Institution, un établissement voué à l'expansion et à la diffusion du savoir. » Depuis sa fondation, la Smithsonian poursuit une vocation internationale d'engagement profond et soutenu à la recherche scientifique, à l'exploration et à la découverte.

Au Gabon, nos scientifiques oeuvrent avec le gouvernement, les chercheurs gabonais, Shell Gabon et leurs homologues du monde entier à établir une liste des espèces dans le Complexe de Gamba et à déterminer les processus écologiques qui y gouvernent les écosystèmes. Ce savoir vital sensibilise les gens à la riche biodiversité du Gabon, aide l'industrie à choisir les procédés les moins dommageables pour l'environnement et justifie tous les efforts de conservation à long terme déployés dans la région.

Le présent livre et diverses publications décrivant les résultats du Programme sur la biodiversité du Gabon sont au nombre des premières réalisations de l'équipe de la Smithsonian et de ses partenaires. Je tiens à remercier le gouvernement de la République gabonaise d'avoir autorisé la Smithsonian à étudier la mine de biodiversité de son pays, ainsi que la Shell Foundation et Shell Gabon, dont le soutien financier a rendu possible ces recherches capitales. En collaborant, nous saurons créer, diffuser et utiliser le savoir sur la biodiversité au profit de l'ensemble de l'humanité.

Lawrence M. Small
Secretary, Smithsonian Institution
Secrétaire, Smithsonian Institution

GAMBA

IN THE END if you begin low among the ghost crabs
of a bone-washed coast, if you examine their gingerfire dance
on crystalline legs, and their explosions through sand
from powdery, secret tunnels

and you wander — for the first time and for ages —
along the curving stilts of salt-stained mangroves
rooted in pelican pools, in tilapia, masking mermaids
called manatees in forgotten cords of blue
and you skim its aqua face and wild-green studs of isle
to grasslots and woodknots, where long amber bands break
in gallery forest over tea-tannin spillways

and if there you see long-legged pipits sling over seedheads
and galago eyes meet your stare in ferocious orange glow
and you notice civet-track stars in grey sand trailing
like smoke from bushfires left burning all night, then
you will start to see.

If you enter the swollen mouth of the Nyanga River
where waves of white lace break across cheekbones of shore
and climb its drainage upward
through papyrus thickets the color of skinned lime
where groves of silver elephants graze in August unseen

and you move north, awed
by arboreal red rafters, struck
by copper- and swamp- and moss-green whorl
knowing below live untold tiers: horned beetles, false
cobras, golden cats, goliath shrews, and you bear east
along the Doudou range
where ancient rock holds the hipbone of Brazil
where hills rise in knuckled knobs and rivers fall
in ragged ruffles over a geography without name

and you study those peaks when they are still made blue
by sunrise and mist

and you circle back on a sheer swell of sky, miles on end
without roads or rooftops, just sailing to sit low
with the crabs again, facing the westwind and wideflung ocean
your feet dug down in sand, reels spinning with landscape —
you will find yourself startled and alone
and you will start to understand
what must live on.

This is Gabon, era unknown.

D'EMBLÉE, au ras du sol, il y a ces crabes fantômes sur une plage blanche
comme ossuaire, leur danse fragile sur des pattes filiformes
translucides, leur façon de jaillir de tunnels secrets
en une explosion de sable poudreux.

Et vous errez, pour la première fois et pour des éternités
au gré des échasses courbes de manguiers tachés de sel
enracinés dans des étangs à pélicans, à tilapias, dissimulant des sirènes
appelées lamantins, au gré d'une eau bleue côtelée de vaguelettes
et vous survolez des îlots de verdure
vers des lots de savane et de forêt, où de longues bandes ambrées
deviennent forêts étagées sillonnées de déversoirs couleur de thé

et si vous voyez là des pipits à longues pattes raser comme l'éclair
les épis des graminées, et le regard d'un galago vous retourner le vôtre
dans un féroce éclat orangé, et si vous suivez sur le sable gris les pistes
étoilées des civettes traînantes comme les fumeroles de feux de brousse
qu'on a laissés brûler toute la nuit, alors c'est que vous commencez à voir.

Si vous pénétrez par la gueule distendue de la rivière Nyanga
là où les vagues ornent de dentelle blanche des plages douces comme des joues
et remontez son cours
à travers les épais taillis de papyrus couleur de lime pelée
où viennent brouter en août, inaperçus, des troupeaux d'éléphants argentés

et si vous faites cap au nord, fascinés
par les rouges échafaudages arborescents, étonnés
par les motifs découpés d'une verdure aux tons de cuivre, de pois et de mousse
conscients de tous les hôtes des étages du dessous : scarabées,
couleuvres de Moïla et félins dorés, musaraignes Goliath,
et si vous poussez vers l'est, jusqu'à la chaîne des Doudou,
dont les roches anciennes cachent la hanche du Brésil, dressant ses collines
comme des jointures arthritiques et faisant dévaler des rivières
en lambeaux ridés dans une géographie sans nom

si vous étudiez ces sommets que l'aube et la brume
bleuissent encore

et si vous rebroussez chemin sur l'ardoise du ciel, mille après mille survolés
sans même une route ou le toit d'une maison, juste pour revenir vous asseoir
parmi les crabes, face au vent d'ouest et à l'interminable océan, les pieds enfoncés
dans le sable, refaisant défiler en esprit les perspectives du territoire visité
vous vous découvrirez saisi et seul
et commencerez à comprendre
tout ce qu'il faut préserver.

Bienvenue au Gabon, où le temps n'a pas cours.

Previous page 30: Nothing like it: the grey-eyed frog is monotypic – only one species in the genus – and the only one of its 250-species family that builds a foam nest. The female uses kicking motions to produce a foam ball of 6 to 10 eggs on a leaf overhanging a stream, while the male folds the leaf around the egg mass.

Page précédente 30 : Cette grenouille aux yeux gris est monotypique, ce qui signifie qu'elle est la seule espèce de son genre. De plus, elle est la seule de sa famille de 250 espèces à construire un nid d'écume. La femelle, en battant ses pattes postérieures, produit une masse écumeuse contenant de 6 à 10 oeufs qu'elle dépose sur une feuille surplombant un cours d'eau; le mâle replie ensuite la feuille autour de la ponte.

Beachfront notched with lagoons, grasslands mazed with woodlots – the tight landscape mosaic is distinctive for its compact configuration in the coastal plain where the Congo Basin rainforest meets the Atlantic Ocean.

La fine mosaïque du paysage, avec son littoral dentelé de lagunes et ses savanes émaillées de parcelles boisées, se distingue par son aspect particulièrement compact dans la plaine littorale où la forêt du bassin du Congo rencontre l'océan Atlantique.

INTRODUCTION

GABON

On the great ring of the equator, stable and quiet, a thick, unruly mantle of Congo Basin forest runs headlong and wild onto the white Atlantic coast. The forest rolls over the horizon like a rough green sea in swells of new leaf flush and fusions of canopy crown. Inside, sunlight winds through liana tangles trailing sun specks in the duff, but no trace upward reveals much sky. Tinkerbirds call, tapping hammers high above. Here, a little-known cache of wilderness brings forth lowland gorillas, forest elephants, mahogany, reed frogs, leopards, vipers, hornbills, ebony, rhinoceros beetles, and electric fish in an unbroken chain. It is one of the last, remarkably whole forest blocks in the world, a no-man's land of backcountry stock largely uncharted by scientists. From far off, a slight breeze rustles the skirts of underbrush and cools the legs of trees. Bees whine the air, leeches stir deep swamps, and termites build mounds like monuments across the forest floor. The ground is supple, fresh as rain, and animal trails meet at easy angles in the mud. A blue duiker has passed here, and two elephants, adult and baby, leaving footprint evidence in the earth. This is Gabon, era unknown.

Forest washes over three-quarters of the country, yielding in places to savanna plateaus, rocky watersheds, gallery forests, and bald granite outcrops in assemblages marking Gabon's regions. Along the western coast a thin, luminous band of sand creates the most striking and important landscape feature of all, the Atlantic Ocean coastline. Waters unravel forcefully along the coast, transporting whole marine territories of sea turtles, dolphins, whales, and fish with the seasons. Ghost crabs unfold from crashing waves, scattering sideways down a beach as long as the sky, blowing salt spray white against the forest front. Interior animals drop out of the dim forest through a tassel of palm leaves — forest buffalos, hippos, crocodiles, chimpanzees, civets — testing saltwater, basking in strong sun, leaving tracks like filaments running the length of fine sand. This is at once the edge of Africa and her very core — the rare interface between terrestrial and marine wilderness, a place of unspoiled, original character that manifests the natural heritage of an exceptional continent.

LE GABON

À cheval sur le grand anneau de l'Équateur, imperturbable, un épais manteau de forêt insoumise épouse le bassin du puissant fleuve Congo et s'épanche sur les rives blanches de l'Atlantique. Comme une mer onduleuse et verdoyante aux vagues de jeunes feuillages et de voûtes altières, la forêt se déroule sans fin sur l'horizon. A l'intérieur, les rayons du soleil filtrés par les entrelacs de lianes sèment des reflets sur l'humus, sans qu'on puisse apercevoir un petit coin de ciel. Tout là-haut, les appels des barbions entrechoquent leurs marteaux. Ici, un habitat vierge et méconnu abrite tous les maillons d'une chaîne constituée de gorilles des plaines, d'éléphants, d'acajous, de grenouilles des roseaux, de léopards, de vipères, de calaos, de scarabée rhinocéros, d'ébéniers et de poissons électriques. Ici s'étend une des dernières zones vierges de la planète, remarquablement complète, une zone interdite que les scientifiques n'ont pas fini d'inventorier. Venue de très loin, une brise légère fait onduler les jupes des sous-bois, rafraîchissant les troncs des arbres. Les abeilles font bourdonner l'air, les sangsues se coulent dans les vasières profondes, et les termites élèvent leurs structures monumentales sur le sol forestier. Le sol est souple, frais comme la pluie, et les pistes d'animaux se croisent à angles nets dans la boue : un céphalophe bleu est passé par ici, suivi de deux éléphants — un adulte et un jeune. Nous sommes au Gabon, où le temps n'a pas cours.

La forêt s'étend sur trois-quarts du pays, cédant le pas ici et là à des plateaux de savane, des bassins versants rocheux, des forêts-galeries et des affleurements chauves de granit, en groupes qui caractérisent les régions du Gabon. Le long de la côte ouest, une mince bande de sable clair définit le relief le plus saisissant, un relief vital : le littoral de l'océan Atlantique. Les vagues déferlent lourdement sur le rivage, transportant au gré des saisons les territoires marins complets de tortues marines, de dauphins, de baleines et de toutes sortes de poissons. Des crabes fantômes s'extraient du ressac et s'enfuient de côté sur une plage aussi longue que le firmament, où l'écume salée court en dentelle blanche vers la muraille forestière. Parfois, des animaux émergent de l'ombre à travers les feuilles de palmiers : sous le soleil de plomb, buffles de forêt, hippopotames, crocodiles, chimpanzés et civettes viennent à leur heure tester l'eau salée, laissant sur le sable fin les filaments de leurs empreintes. Ici, c'est la lisière de l'Afrique et c'est aussi son cœur profond : la rare interface des habitats terrestre et marin, une contrée vierge et ancienne qui manifeste l'incroyable richesse du patrimoine naturel d'un continent exceptionnel.

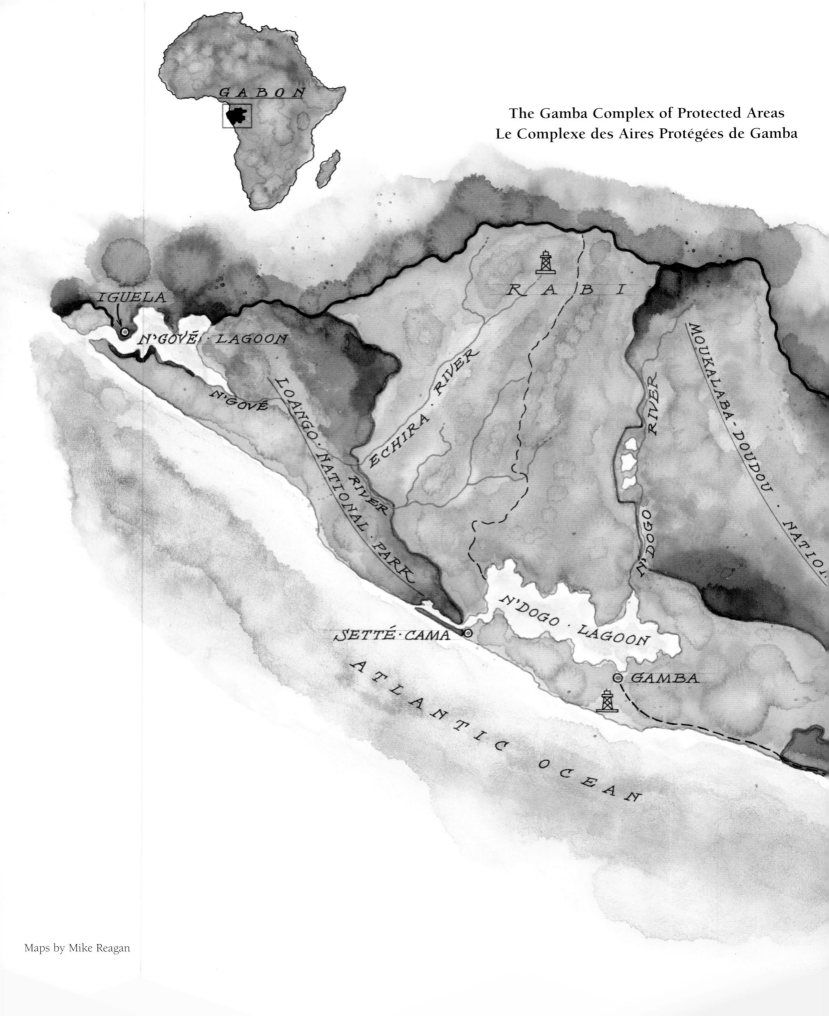

GABON

The Gamba Complex of Protected Areas
Le Complexe des Aires Protégées de Gamba

IGUELA

N'GOVÉ · LAGOON

N'GOVÉ

R A B I

LOANGO · NATIONAL · PARK

ECHIRA · RIVER

RIVER

N'DOGO · RIVER

MOUKALABA · DOUDOU · NATIO...

N'DOGO · LAGOON

SETTÉ · CAMA

GAMBA

A T L A N T I C   O C E A N

Maps by Mike Reagan

1 cm ≈ 7 km

COUNTRY PROFILE

Name: Republic of Gabon

Total area: 267,667 km²; 257,667 km² in land, about 10,000 km² in water bodies

Land boundaries: 2551 km

Coastline: 885 km

Average temperature: 31°C/88°F

Average relative humidity: 81%

Rainy seasons: February to May, September to December

Annual precipitation: 2500 mm

Terrain: narrow coastal zone, hilly interior, savanna in east and south, 77% forest cover

Elevation extremes: Atlantic Ocean at 0 m, Mont Iboundji at 1575 m

Population: 1,225,000, 52% in urban areas (2003)

Ethnic groups: Five major Bantu groups — Fang, Mérié, Myéné, Ndzebi, Mbédé — comprise the majority; about 155,000 other Africans and Europeans

Languages: French (official), Fang, Myéné, Bapounou, Bandjabi, Obamba

Gross Domestic Product: $6.7 billion with oil exports contributing 50% (2001)

Exports: crude oil 81%, timber, manganese, uranium (2000)

DESCRIPTION DU PAYS

Nom : République gabonaise

Superficie totale : 267 667 km² (257 667 km² de terre et environ 10 000 km² de plans d'eau)

Longueur de la frontière terrestre : 2 551 km

Longueur de la côte : 885 km

Température moyenne : 31°C

Humidité relative moyenne : 81%

Saisons des pluies : de février à mai et de septembre à décembre

Précipitation annuelle : 2 500 mm

Relief : littoral étroit, collines à l'intérieur, savane à l'est et au sud, 77% de couvert forestier

Extrêmes d'altitude : de 0 m (océan Atlantique) à 1 575 m (mont Iboundji)

Population : 1 225 000 habitants, dont 52% dans des centres urbains (2003)

Groupes ethniques : cinq grands groupes bantous (Fang, Mérié, Myéné, Ndzebi, Mbédé) forment la majorité; environ 155 000 autres Africains et Européens

Langues : français (langue officielle), fang, myéné, bapounou, bandjabi, obamba

Produit intérieur brut : 6,7 milliards de dollars, dont la moitié émanait des exportations de pétrole en 2001

Exportations : pétrole brut (81 %), bois, manganèse, uranium (2000)

HUMAN HISTORY

Earliest human history in Gabon remains enigmatic; discoveries of tools from the end of the Old Stone Age and the New Stone Age indicate early settlements. Roughly 5,000 years ago, Bantu-speaking groups began migrating south into present-day Gabon, displacing pygmies into the heart of the forest. European influence came with the landing of Portuguese navigator Diego Cam in 1472, followed by Dutch, French, and British explorers, missionaries, and traders seeking timber, ivory, and especially slaves. Gabon's position on the coast made it a key port of business between traders and interior groups for slaves, until the mid-1800s, and timber, which remained the primary export through the mid-1900s.

Part of French Equatorial Africa from 1910 to 1957, Gabon entered a new era with independence in 1960, marked by discoveries of uranium and manganese in the southeastern and petroleum in the southwestern parts of the country. To transport the ore and link the country's provinces, work began on the Trans-Gabonais Railway in the late 1960s to traverse the whole of Gabon. Cities and villages grew along major road and rail lines, concentrating activity in hubs; today over half the country's 1.2 million people are urban, leaving vast areas uninhabited. Near the coastal fishing village of Gamba, oil prospectors struck major veins in 1963 and 1985. The oil boom brought foreign investment, political heft, and economic security, making Gabon one of the wealthiest per-capita African countries. While most young neighboring nations sold off primary rainforest as timber, Gabon rode on oil activity, whose practices — largely underground — left its forest cloth mostly uncut. The Gamba Complex became the heart of the new nation.

HISTOIRE DU PEUPLEMENT

Quels ont été les premiers hommes au Gabon? L'énigme reste à résoudre, mais les outils du Paléolithique et du Néolithique qu'on y a découverts suggèrent un peuplement très ancien. Il y a environ cinq millénaires, des groupes de langue bantou ont commencé à migrer au sud vers le Gabon, y refoulant les Pygmées dans les forêts. La présence des Européens a débuté en 1472 avec le débarquement du navigateur portugais Diego Cam. Des explorateurs, des missionnaires et des commerçants hollandais, français et anglais, attirés par le bois d'œuvre, l'ivoire et surtout les esclaves allaient lui succéder. La situation exceptionnelle du Gabon sur la côte ouest d'Afrique en faisait un axe vital du négoce entre les marchands et les groupes de l'intérieur, pour les esclaves jusqu'au milieu du XIXe siècle, et pour le bois, la principale exportation jusqu'au milieu du XXe siècle.

Intégré de 1910 à 1957 à l'Afrique Équatoriale Française, le Gabon est entré dans une nouvelle ère en 1960 avec la proclamation de son indépendance et la découverte de vastes richesses minérales (uranium et manganèse dans le sud-est et pétrole dans le sud-ouest). À la fin des années 1960, on a entamé la construction du chemin de fer Transgabonais pour acheminer le minerai et relier les provinces du pays. Villes et villages se sont alors développés le long des principales voies routières et ferroviaires, et sont devenus autant de centres d'activités. De nos jours, plus de la moitié des 1,2 millions de Gabonais vivent en milieu urbain, laissant inhabitées de grandes régions du pays. En 1963 et 1985, des prospecteurs ont découvert d'importants gisements de pétrole dans la région de Gamba. Le boom pétrolier a amené des investissements étrangers, un poids politique et une sécurité économique au Gabon, en faisant l'un des pays d'Afrique les plus riches par habitant. Alors que la plupart des jeunes nations avoisinantes ont été forcées de vendre le bois de leurs forêts tropicales humides, le Gabon a profité de la manne pétrolière pour conserver l'essentiel de son couvert forestier. Le Complexe de Gamba est devenu le cœur de la jeune nation.

With few roads, boats link local communities. A loaded pirogue motors toward Gamba, passing one of hundreds of islands on the N'dogo Lagoon.

En raison du faible nombre de routes, les liaisons entre les localités se font par bateau. Une pirogue à moteur chargée se dirigeant vers Gamba passe devant l'une des centaines d'îles de la lagune N'dogo.

THE GAMBA COMPLEX

The Gamba Complex of Protected Areas is an 11,320-kilometer^2 wildland mosaic of primary and secondary tropical rainforest set on hillock and swamp, patched with prairie and woodlot, and lined with rivers and lagoons that exit the coast through a long, deserted beach. Historically divided into five hunting grounds and three reserves, the land was partly re-zoned in September 2002, when President El Hadj Omar Bongo established Gabon's national park system. Two of the country's 13 parks are carved from the Complex — 1,550-kilometer^2 Loango National Park, covering coast, lagoon, prairie, and sedimentary forests in the west, and 4,500-kilometer^2 Moukalaba-Doudou National Park, encompassing the low-strung Doudou Mountain range and coastal basin in the east. The middle corridor — full of forests and oil concessions — could be considered for revised zoning to update its protected status.

Some 9,000 people live in the Complex, with 7,000 concentrated around the oil industry in Gamba and 2,000 in villages and subsistence outposts. It is a remote existence: one sand track hooks Gamba to national roads, rendering most travel by air and supplies by water. On-shore oil fields pioneered by foreign companies are active but declining after 40 years, creating economic uncertainty at community-to-national levels. Where accessible, the land has been selectively logged since early days for okoumé plywood; overgrown timber roads cross the Complex. Like most places on Earth, it is harvested land.

Yet in the same stands, forest elephants weave through towering tree columns, and ape nests are strewn atop paths of red river hog, sitatunga, and brush-tailed porcupine. Packs of Nile and slender-snouted crocodiles, hangs of guenon and mangabey monkeys, and roves of hornbills and parrots circulate freely. Amphibian richness — 73 specific frog calls — sets the Complex above any place nationwide. The most productive oil field in the country, Rabi, also pumps the longest list of reptiles for any locality in Gabon: 65. Along the beach at least four species of sea turtle come to nest, including the world's largest and one of the most endangered, the leatherback. Aquatic systems — fresh, brackish, and marine — are recognized for whale

At the edge of a continent, a lone African forest buffalo *Syncerus caffer nanus* catches salt air. Political stability and low population density — unmatched in central Africa — have graced Gabon's wilderness with isolation.

Au bord du continent, solitaire, un buffle de forêt d'Afrique (*Syncerus caffer nanus*) respire l'air salin. La stabilité politique du pays et sa faible densité de population — qu'on ne retrouve dans aucun autre pays d'Afrique centrale — font que la flore et la faune du Gabon sont peu dérangées.

and dolphin migrations, biogeographically important watersheds, and record catches. In Gamba, impressive collections of wildlife coexist with human influences, definitely touched by human presence, yet unusually well preserved.

The Gamba landscapes, like many in Gabon, are writ with human history, but remain remarkably intact, wild, and free of many of the usual marks of time and development, entrusting a real opportunity and responsibility for their care to the world. Few other places on Earth have as much rawness and character to claim — or to lose. Valuing this wilderness and ensuring its longevity through local stewardship, wise management, and scientific study means that conservation must be a way of life. For without these last brave tracts — places of barking gorillas and elusive terrapins, where colonies of Rosy Bee-eaters swarm *en masse* over the backs of elephants — goes much of our remaining natural heritage, knowledge, refuge, and assets.

LE COMPLEXE DE GAMBA

Le Complexe des aires protégées de Gamba est une mosaïque de forêt tropicale humide vierge et secondaire répandue sur 11 320 km² de collines et de marécages, émaillée de prairies et de bosquets, et traversée de rivières et de lagunes qui se jettent dans l'océan à travers une longue plage déserte. Autrefois partagée en cinq territoires de chasse et trois réserves, la région a été partiellement rezonée en septembre 2002 lorsque le président El Hadj Omar Bongo a institué le réseau de parcs nationaux du Gabon. Deux des 13 parcs du pays sont taillés dans le Complexe : dans l'ouest, le parc national de Loango (1 550 km²) comprend des zones de littoral, de lagune, de savane et de forêt sédimentaire; dans l'est, le parc national de Moukalaba-Doudou (4 500 km²) couvre la chaîne des monts Doudou, de faible altitude, et le bassin littoral. Il est possible que le couloir qui sépare ces parcs, truffé de forêt et de concessions pétrolières, soit rezoné en vue d'améliorer le niveau de protection dont il bénéficie.

Quelque 9 000 personnes vivent dans le Complexe, dont 7 000 à Gamba près des installations pétrolières et 2 000 dans des villages et des postes isolés. Vivre ici signifie être loin de tout. Gamba est reliée au réseau routier national par une route sablonneuse si bien que la plupart des déplacements se font par avion et l'approvisionnement par bateau. Les champs de pétrole de l'intérieur, exploités depuis 40 ans par des compagnies étrangères, commencent à décliner, situation qui crée une incertitude tant dans les localités touchées que dans tout le pays. Les forêts accessibles sont sélectivement exploitées depuis longtemps pour la production de contreplaqué d'okoumé; des chemins forestiers envahis par la végétation traversent le Complexe. Comme sur la plus grande partie de la planète, ces terres sont exploitées.

Pourtant, dans les mêmes lieux, des éléphants de forêt se glissent entre les colonnes d'arbres majestueux et des grands singes tendent leurs nids au-dessus des pistes de potamochères, de sitatungas et de porcs-épics. Meutes de crocodiles du Nil et de crocodiles africains à museau étroit, bandes de cercopithèques et de cercocèbes, et troupes de calaos et de perroquets y circulent en toute liberté. Le Complexe se distingue de toute autre région du pays par sa grande variété d'amphibiens — 73 coassements distincts d'espèces de grenouilles. Au gisement pétrolifère de Rabi, le plus productif du Gabon, on a relevé la plus longue liste de reptiles au pays (65). Au moins quatre espèces de tortues marines, dont la tortue luth, la plus grosse et une des plus menacées au monde, viennent nicher sur ses plages. Les réseaux aquatiques d'eau douce, saumâtre et salée sont reconnus comme sites migratoires des baleines et des dauphins, comme réseaux hydrographiques de grande importance biogéographique, et comme lieux de pêche de poissons-trophées. À Gamba, une étonnante variété de créatures sauvages coexiste avec l'influence d'homme, certainement affectée par la présence humaine et, curieusement, encore intacte malgré tout.

Les paysages du Complexe de Gamba, comme plusieurs autres au Gabon, sont gravés par l'histoire humaine, mais sont demeurés remarquablement purs, sauvages et intouchés par le temps et le développement, offrant à l'humanité la rare occasion et la lourde responsabilité d'en prendre soin. Il reste peu d'endroits sur Terre qui peuvent encore se targuer de posséder autant de naturel et de caractère, et qui ont autant à perdre. Pour valoriser cette vie sauvage et en assurer la pérennité grâce à une gestion locale, l'aménagement avisé et la recherche scientifique, il y a lieu de faire de la conservation un mode de vie. Car si nous devions perdre ces derniers sites refuges de gorilles grognons et de discrètes tortues aquatiques diamantées, où des voiliers de guêpiers gris-rose survolent des troupeaux d'éléphants, nous perdrions une grande partie de notre patrimoine naturel, de notre savoir, de notre refuge et de nos richesses.

Dipsadoboa underwoodii

THE SMITHSONIAN SHELL PARTNERSHIP

The Smithsonian Institution in the United States is a research and educational institution, comprising 16 museums, 7 research centers, the National Zoological Park, and the Smithsonian Tropical Research Institute. Today, the Smithsonian is not only the world's largest provider of museum experiences supported by authoritative scholarship in science, history, and the arts, but also an international leader in scientific research and exploration. In 2002, more than 27 million people visited Smithsonian museums and the National Zoo, entities that house 143 million collection items and several hundred scientists. Within the National Zoo's Conservation and Research Center is the Monitoring and Assessment of Biodiversity Program. Its mission is to conduct scientific research and training of conservation stewards to provide information for the conservation of biodiversity.

The Royal Dutch/Shell Group of Companies (hereafter the Group), created in 1897, is the second largest privately listed oil and gas company in the world, with operations in more than 145 countries and employing upward of 115,000 people. Within the company, Shell International represents the interests of the Group, and Shell Foundation — a legally independent UK-registered charity — works to catalyze partnerships that deliver sustainable solutions to those social and environmental challenges in which the energy industry and multinational corporations have a particular role. Shell Gabon is the operating unit in the Republic of Gabon, with more than 400 Shell staff extracting some 70,000 barrels of oil per day from two fields, Gamba and Rabi.

Shell is aware that both primary and secondary environmental impacts of its operations are important as part of its global responsibility when operating in biologically sensitive areas. This awareness, and the need to objectively, scientifically investigate and document it, was first translated into action in Camisea, Peru. In 1996, Shell approached the Smithsonian Institution to assess biodiversity in the Camisea area, where the company proposed to open a new natural gas field, and recommend strategies to minimize the operational footprint. The Smithsonian's scientific studies produced a baseline of biological information, suggesting application of certain operating standards and policies to limit negative environmental effects of exploratory gas operations.

LE PARTENARIAT ENTRE LA SMITHSONIAN ET SHELL

La Smithsonian Institution est une institution américaine de recherche et d'enseignement constituée de 16 musées, de 7 centres de recherche, du National Zoological Park et du Smithsonian Tropical Research Institute. À l'heure actuelle, la Smithsonian est non seulement la plus importante source d'expériences muséologiques au monde, soutenue par une base de savoir inégalée en sciences, en histoire et en arts plastiques, mais aussi un chef de file international en recherche et en exploration scientifiques. En 2002, plus de 27 millions de personnes ont visité les musées et le National Zoo de la Smithsonian, qui abritent 143 millions de collections et quelques centaines de scientifiques. Le Centre de conservation et de recherche du National Zoological Park administre le Programme d'évaluation et de surveillance de la biodiversité, qui a pour mission de mener des recherches scientifiques et de former des chercheurs et des intendants à la conservation en vue de préserver la biodiversité.

Créé en 1897, la Royal Dutch/Shell Group of Companies est la deuxième plus grande compagnie pétrolière privée au monde. Elle oeuvre dans plus de 145 pays et compte plus de 115 000 employés. Au sein de la société, Shell International représente les intérêts du Groupe et la Shell Foundation (un organisme de bienfaisance indépendant enregistré au Royaume-Uni) s'emploie à stimuler les partenariats qui apportent des solutions viables aux défis sociaux et environnementaux auxquels sont confrontées l'industrie énergétique et les sociétés multinationales. Les 400 employés de Shell Gabon, filiale opérant en République gabonaise, produisent quelque 70 000 barils de pétrole par jour de deux gisements, Gamba et Rabi.

Shell est consciente de sa responsabilité globale en matière d'incidences primaires et secondaires de ses activités sur les zones sensibles. Cette reconnaissance, et la nécessité de la documenter scientifiquement et de façon objective a débuté par le projet Camisea, au Pérou. En 1996, Shell a demandé à la Smithsonian Institution d'évaluer la biodiversité de la région de Camisea proposée pour un nouveau champ de gaz naturel, et de lui recommander des stratégies pour réduire au minimum les effets de ses activités sur l'environnement. Les études menées par la Smithsonian ont permis de constituer une base de données biologiques, suggérant le recours à des normes et des politiques de production qui atténuent les impacts d'exploitation sur l'environnement.

Previous pages: Discovered in 1993, Underwood's frog-eating tree snake inhabits streamside shrubs in ever-green forest. On the hunt for frogs, it is not aggressive to humans and will not bite, even if roughly handled.

Pages précédentes : Découvert en 1993, le ser-pent arboricole d'Underwood habite les arbustes surplombant les cours d'eau, dans les forêts sempervirentes. Se nourris-sant de grenouilles, il est sans danger pour l'homme et ne mord pas, même si on le manipule rudement.

Great White Egrets *Egretta alba* bring elegance to wet-lands around the world. Many species like this one are also distributed regionally or globally.

La grande aigrette (*Egretta alba*) embellit de sa grâce les régions marécageuses du monde entier. Diverses espèces du Gabon ont, comme l'aigrette, une distribu-tion internationale, tandis que d'autres sont limitées à cer-taines régions.

Next pages: Hilly grasslands – the Vera Plains – near Gamba are flanked by forest and freshwater reaches of the N'dogo Lagoon.

Pages suivantes : Les plaines de Vera, savanes ondulées près de Gamba, sont bordées par la forêt et par les bras d'eau douce de la lagune N'dogo.

The partnership grew in 2000 with the signing of a five-year Letter of Understanding to enhance knowledge of ecosystem functioning and to use the information to promote guidelines for biodiversity conservation in development projects. A project was launched in Gabon, where Shell had been active for four decades. From 2001 to 2003, Smithsonian researchers and their Gabonese and international counterparts assessed biodiversity at oil production sites and national parks in the Gamba Complex of Protected Areas, established a biodiversity center, trained staff in field and laboratory techniques, and undertook an awareness-raising program for operational staff, government staff, and schoolchildren in environmental education. Shell International, Shell Foundation, and Shell Gabon provided support for the work at many levels, taking an important step to make their partnership commitment a reality. Scientific findings from the study inform decisions on reducing the operational footprint on biodiversity and increasing best-practice standards in Gabon and elsewhere.

Gabon is seeking the means to diversify its economy toward more sustainable practices. The creation of the national park system put Gabon on the map for conservation and ecotourism potential. Great momentum and synergy is being built around the country and in the Gamba Complex. The many partners at the table include the government of Gabon, local people, industry, research institutions, and international non-governmental organizations.

This is one story of working together for biodiversity.

Le partenariat entre la Shell Foundation et la Smithsonian Institution s'est élargi en 2000 avec la signature d'un protocole d'entente de cinq ans visant à mieux comprendre le fonctionnement de l'écosystème et l'utilisation de l'information recueillie pour la promotion de lignes directrices sur la conservation de la biodiversité dans les projets de mise en valeur. Une nouvelle recherche a été entamée au Gabon, où Shell menait des activités depuis quatre décennies. Entre 2001 et 2003, les chercheurs de la Smithsonian et leurs homologues du Gabon et d'ailleurs dans le monde ont évalué la biodiversité sur les champs pétroliers et dans les parcs nationaux du Complexe des aires protégées de Gamba, établi un centre de biodiversité, formé du personnel local aux techniques de terrain et de laboratoire, et mis en œuvre un programme de sensibilisation à l'environnement pour le personnel d'exploitation, les représentants du gouvernement et les écoliers. Shell International, la Shell Foundation et Shell Gabon ont soutenu ces études à divers niveaux, honorant ainsi une part importante de leur engagement dans le cadre du partenariat. Les résultats des études scientifiques éclairent les décisions touchant la réduction des impacts de l'exploitation sur la biodiversité et l'expansion des normes de pratiques exemplaires ailleurs au Gabon et dans le monde.

Le Gabon explore diverses possibilités d'orienter son économie vers des activités plus viables à long terme. La création d'un réseau de parcs nationaux a beaucoup fait pour rehausser le potentiel du pays comme lieu de conservation et d'écotourisme. Le Gabon, et en particulier le Complexe de Gamba, sont en plein essor grâce à cette synergie de nombreux partenaires : le gouvernement du Gabon, les populations locales, l'industrie, les centres de recherche et les organisations internationales non gouvernementales.

Voilà un bel exemple de concertation en vue de préserver la biodiversité.

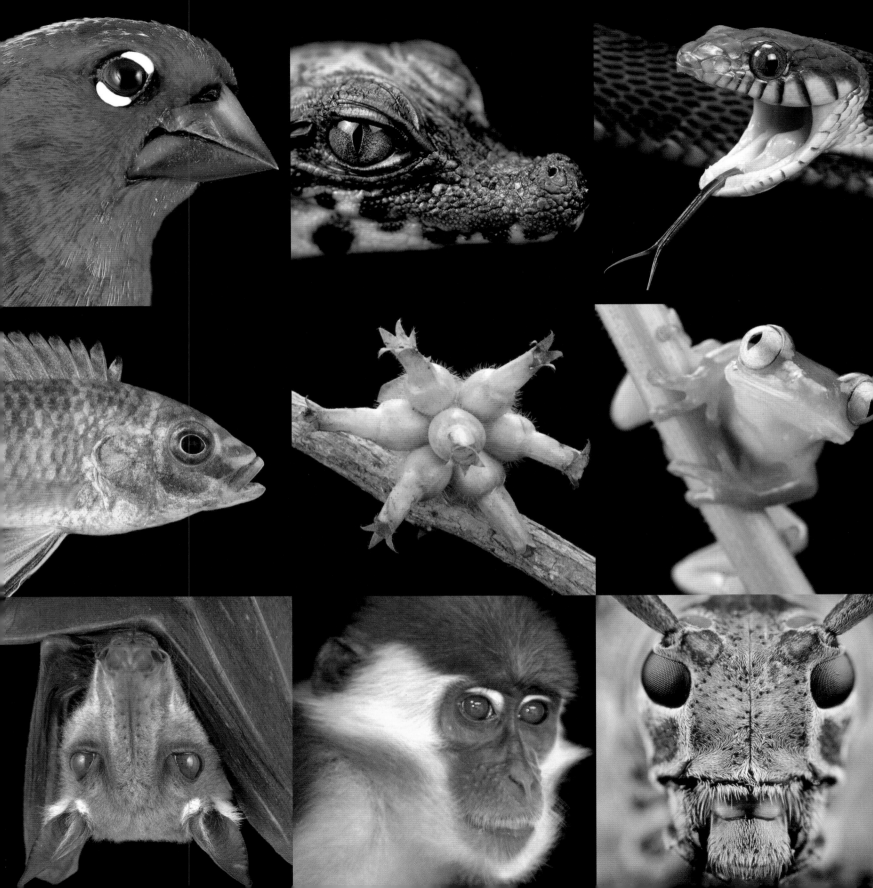

Biodiversity is the variety of life on Earth, encompassing all species and living systems. It is the interlinked composite of individuals that express different genes, of species that live within communities of plants and animals, of ecosystems across a landscape that act together to provide wildlife habitat, clean air and water, food, shelter, and energy. From soil microbes to Blue-breasted Bee-eaters, red mangrove to ebony trees, savanna hillsides to ocean bottoms — biodiversity includes all distinctions of life at all scales.

The more we learn about species and their environmental interactions and about ecosystem functions and linkages, the more information we have to feed decisions about the use and conservation of the planet's ecological systems. In regions such as central and west Africa where little research has been done, scientists often begin at baseline by describing habitat types and determining which organisms live there. Biodiversity research teams are strong in taxonomy, the science of classifying organisms in an ordered system that indicates natural relationships, and also in natural history. A biodiversity study records all beings — big or small, common or rare, charismatic or not — and opens doors to other ecological questions: Which frogs use which ponds? Where do elephants move seasonally? What does today's forest structure reveal about its past? How do these factors interact? Responses contribute to scientific knowlege and may guide conservation management and the sustainability of natural systems.

Biodiversity sections in this book highlight early findings of Smithsonian-led research at the Gamba Complex. Scientific focus has been on the classical sense of the term "biodiversity:" the number of species found in a given place at a given time. Material is organized in eight biological groups: birds, reptiles, fish, vegetation, amphibians, large mammals, small mammals, and arthropods. Research continues, with high expectations for learning more about this special place on the edge of Africa.

Le mot « biodiversité » inclut la vie sur la Terre sous toutes ses formes, y compris l'ensemble des espèces et des systèmes vivants. C'est l'interaction d'individus de gènes différents, d'espèces qui vivent au sein de communautés de plantes et d'animaux, d'écosystèmes territoriaux qui agissent de concert pour fournir à la faune et à la flore habitat, eau, air, nourriture, abri et énergie. Des micro-organismes du sol aux guêpiers à collier bleu, des palétuviers rouges aux ébéniers, des versants de savane au fond des océans, la biodiversité couvre la vie dans son intégralité, avec toutes ses particularités et à toutes ses échelles.

Plus nous en savons sur les espèces et leurs interactions avec l'environnement et sur les fonctions des écosystèmes et les liens qui les unissent, et plus nous sommes habilités à prendre des décisions avisées sur l'exploitation et la conservation des systèmes de la planète. Dans des régions comme l'Afrique centrale et occidentale, où le plus gros de la recherche reste à faire, les chercheurs commencent souvent par découper le terrain par types d'habitat pour déterminer les organismes qui y vivent. Les équipes de recherche sur la biodiversité sont particulièrement versées en taxonomie (science de la classification des organismes en un système de rapports naturels), et en histoire naturelle. L'étude de biodiversité tient compte de toutes les créatures, grosses et petites, communes et rares, charismatiques et insignifiantes, pour ouvrir la porte à diverses questions écologiques… Quelles espèces de grenouilles trouve-t-on dans tel ou tel étang? Où les éléphants migrent-ils de saison en saison? Que nous révèle la structure actuelle de la forêt sur son passé? Comment ces facteurs interagissent-ils? Les réponses à ces questions contribuent à la connaissance scientifique et peuvent guider les efforts de conservation des systèmes naturels et contribuer à leur viabilité.

Le portrait de la biodiversité présenté dans ces pages est le fruit d'études préliminaires dirigées par la Smithsonian Institution dans le Complexe de Gamba. La recherche scientifique s'est surtout occupée du sens original du mot « biodiversité, » soit le nombre d'espèces présentes en un lieu et en un moment donnés. Les résultats sont classés en huit groupes biologiques : oiseaux, reptiles, poissons, végétation, amphibiens, gros mammifères, petits mammifères et arthropodes. Les recherches se poursuivent, car tout reste encore à découvrir sur ce territoire fascinant de la côte africaine.

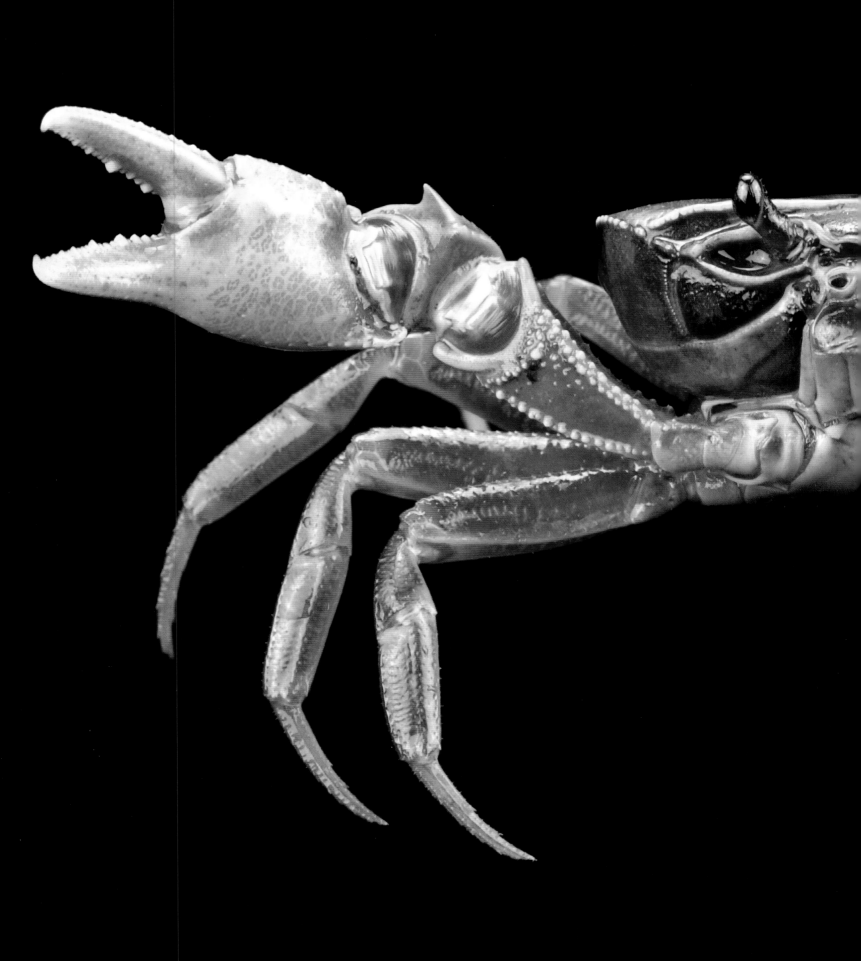

Lymantriidae

Calabaria reinhardtii

Previous pages: Forest crabs are found sidestepping out of mud holes from the coastal scrub to steeply forested hills many kilometers inland. Painted unexpected shades of purple and plum, they flash through underfoot duff, rifling dead leaves to subterranean safety.

Pages précédentes : Les crabes de forêt habitent des terriers qu'ils aménagent dans le sol meuble, des brousses littorales aux collines boisées et pentues plusieurs kilomètres à l'intérieur des terres. Ornés d'étonnantes nuances prune et pourpre, ils courent sur la litière pour rejoindre leur terrier quand un danger se présente.

Above: The "two-headed snake" comes uncoiled from its defensive ball. Non-venomous, it passively self-protects by tucking its head safely inside and exposing its resemblant tail to would-be aggressors.

Ci-dessus : Pour se protéger des prédateurs, ce « serpent à deux têtes » , non venimeux, a adopté un mode de défense passive. Se protégeant la tête au creux de ses anneaux enroulés, il expose une queue qui ressemble à s'y méprendre.

Left: Moukalaba-Doudou National Park seemed more abundant in butterflies – in all stages of life – than other sites studied to date. This caterpillar appeared in the rainy season, when small sunlit forest gaps swarmed with other species in wing.

Á gauche : Le parc national de Moukalaba-Doudou semblait héberger davantage de papillons – à tous leurs stades de développement – que les autres sites étudiés à jour. Cette chenille a été trouvée en pleine saison des pluies, au moment où des myriades de papillons d'autres espèces volaient déjà dans les clairières ensoleillées.

Varanus ornatus

Previous pages: Gabon's only known monitor lizard occurs in every biotope, from deep primary forest to grassland, mangrove, beach, cultivated garden, and city. Able to dive underwater and climb trees in search of frogs and bird nests, it is hunted for meat and can bite viciously or tail-whip if disturbed.

Pages précédentes : La seule espèce de varan connue du Gabon y habite dans tous les biotopes, de la forêt primaire dense aux prairies, mangroves, plages, jardins cultivés et villes. Capable de nager sous l'eau aussi bien que de grimper aux arbres à la recherche de grenouilles ou de nids d'oiseaux, ce varan est lui-même chassé pour sa chair, mais est capable de se défendre vigoureusement en mordant et en fouettant à l'aide de sa queue.

Below: Part of the largest mammalian family – Muridae, with some 1,335 rodent species – the African smoky mouse scampers the central African region, but very little is known about this creature. Terrestrial small mammals found in this study – 14 rodent and 10 shrew species – were 40 percent less diverse in coastal versus inland sites, with marked differences in species composition.

Ci-dessous : La mystérieuse souris cendrée, qui habite l'Afrique centrale, fait partie de la famille des muridés, la plus abondante chez les mammifères avec quelque 1 335 espèces. Notre étude des petits mammifères terrestres a relevé 14 rongeurs et 10 musaraignes, dont les espèces présentaient 40 p. cent moins de diversité dans les habitats côtiers qu'à l'intérieur des terres.

Heimyscus fumosus

Complex, including the Chocolate-backed, African Pygmy, and Malachite Kingfishers. Bright plumage and proportionally long bills distinguish most kingfishers, whose diet is not necessarily fish-based despite the name. The White-bellied Kingfisher (pictured) perches on low forest branches in search of insects and other prey.

Pages suivantes : Dix espèces de martins pêcheurs et chasseurs ont été recensées dans le Complexe de Gamba, dont le martin-chasseur marron, le martin-pêcheur pygmée et le martin-pêcheur huppé. Un resplendissant plumage et un bec proportionnellement long caractérisent la plupart des martins, dont le régime de base n'est pas forcément le poisson, contrairement à ce que beaucoup de gens croient. Le martin-pêcheur (photographié ici) à ventre blanc guette ses proies, insectes et autres, depuis les branches basses en forêt.

Below: The vivid coloration of the Ongot long-fingered frog may warn of possible toxic skin secretions, but this fact has not yet been scientifically proven. Males have an elongated third finger of unknown function.

When even large, conspicuous animals like elephants can be difficult to find in the forest, it is no wonder that low-profile creatures like mice and frogs are rarely seen and poorly understood. Much ecological research remains to be done in central Africa, where even basic knowledge for secretive species – where they live, what they eat – is slim.

Ci-dessous : Les couleurs vives de cette grenouille aux longs doigts pourraient être un avertissement mettant en garde contre de possibles sécrétions toxiques de sa peau, bien que cela n'ait pas encore été scientifiquement démontré. Les mâles possèdent un troisième doigt très allongé dont la fonction est inconnue.

Alors que même d'aussi grands animaux que les éléphants sont difficiles à repérer dans la forêt, il ne faut pas s'étonner que des créatures telles que les grenouilles et les souris passent inaperçues et soient méconnues. Il reste beaucoup de recherches écologiques à mener en Afrique centrale, où les données élémentaires sur l'histoire naturelle des espèces discrètes – leurs moeurs, leur régime alimentaire – sont maigres.

Cardioglossa gratiosa

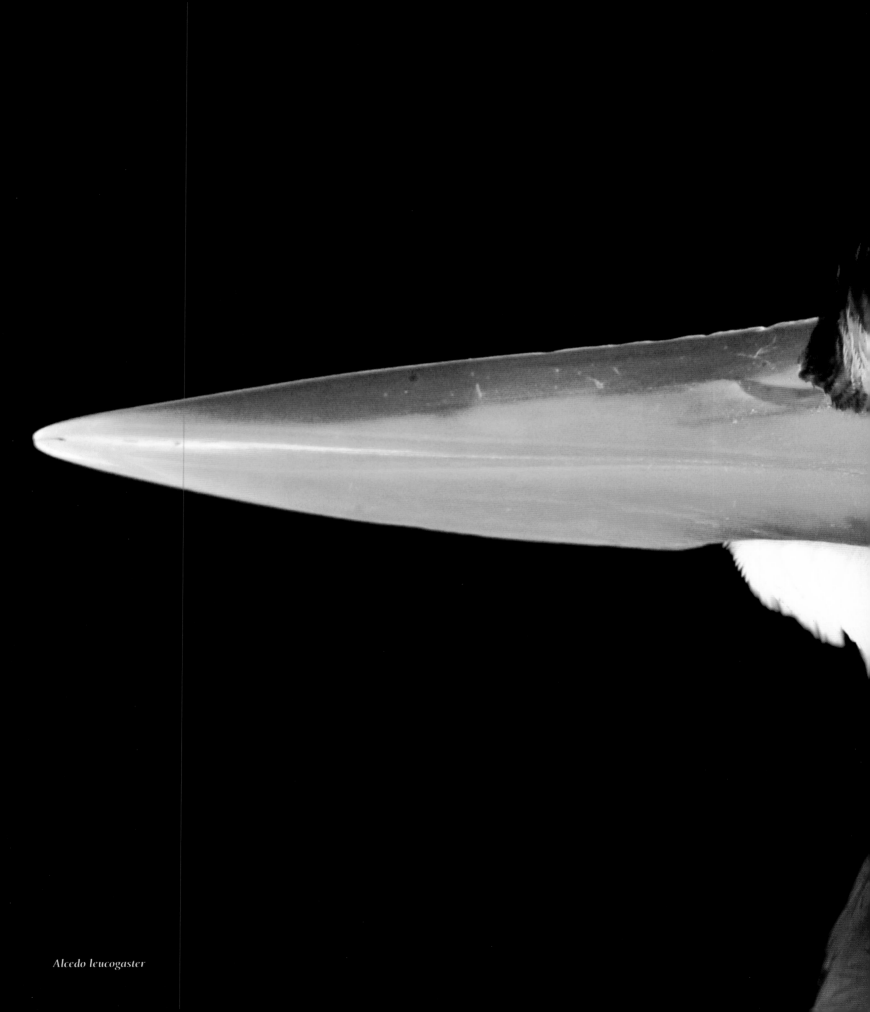

Alcedo leucogaster

Except for two port cities, Gabon's entire seaboard runs wild. Five of the 13 national parks protect the beach margin, including Loango National Park, pictured, and Mayumba National Park, set aside for marine riches.

À l'exception de deux villes portuaires, toute la côte du Gabon est demeurée sauvage. Cinq des 13 parcs nationaux protègent le littoral, dont le parc national de Loango (sur cette photo), et le parc national de Mayumba, qui regorgent de richesses marines.

COASTAL REALM
LE ROYAUME DU LITTORAL

We start at dawn on the beach. Waves cast inexhaustibly to a cool, unpainted sky. They break in avalanches of relief, imitating thunder, imitating jets taking off one after another, echoing afterwards in long, pensive reverberation. Lines of broken white wash out in the tide to build again their eternal blue movement towards land. Over the waterline curve columns of palm trees, the first fringe of forest and its train of green expanse. Huge hardwood logs — salt-washed timbers a meter wide and seven meters long — dash like matchsticks on the sand. Felled inland, they have come detached from logging rafts en route to port and now sit like tumbled pillars in thousands, lost and decaying. They alone mark age in an otherwise timeless scene.

Gabon has one of the most pristine seaboards in the world, and establishment of Loango National Park ensures that around 100 kilometers of that shore will remain uninterrupted and whole — the longest stretch of fully protected coastline in central and west Africa. Its thin margin marks the shifting, constant exchange between land and water, fresh and marine, elasticity and vulnerability of life on an edge. To the east marches an enormous band of equatorial forest, wide ranging with megafauna and continental in scale. To the west spans the Atlantic frontier: iridescent, little explored, relentless. To stand on this slight strip of sand under its realm of sky with your feet

salt-wet in one wilderness and grit-dry in the other is to experience a tremendous edge of the

Notre point de départ : la plage, à l'aube. Les vagues se brisent inépuisables, sous un ciel lessivé. Elles se fracassent en avalanches de reliefs, évoquant le tonnerre, évoquant les décollages successifs d'avions à réaction, repris par l'écho en longues réverbérations pensives. L'écume retraite en lignes brisées vers l'océan, puis repart à l'assaut de la berge. Au-dessus de la ligne des marées, une colonnade incurvée de palmiers marque la lisière de la forêt, cette immensité verdoyante. D'énormes tronçons d'arbres de sept mètres de long sur un mètre de diamètre polis par le sel, sont rejetés sur le sable comme des allumettes. Abattus dans l'intérieur du pays, ils se sont détachés des radeaux de bois navigant vers les ports et jonchent maintenant la plage par milliers, symboles de notre époque sur cette scène autrement intemporelle.

La création du parc national de Loango au Gabon garantit la préservation d'environs 100 kilomètres de l'une des côtes les plus intactes au monde : il s'agit du plus long littoral entièrement protégé d'Afrique centrale et occidentale, témoin de constants échanges entre la terre et la mer, l'eau douce et l'eau salée, l'adaptabilité et la vulnérabilité de la vie à la limite. À l'est se déroule une énorme bande de forêt équatoriale de dimension continentale, habitée par une importante faune. À l'ouest, l'Atlantique dresse sa frontière iridescente, peu explorée, implacable. Se tenir sous la voûte du ciel sur cette fine bande de sable, un pied dans l'eau salée, l'autre dans le sable sec, à

...arth, riding on dynamics that separate and
...oin opposing, parallel worlds.

Tracks are lucid and clean in early light:
footprints of leopard and servaline genet,
trodding pods of a solitary male buffalo,
scatterprints of a palm civet in perfect, trailing
rosettes. They are numerous and diffuse,
punctuating the sand in every direction,
coming and going, grouped and solo. They
read like a story the movements of grazers,
scavengers, and predators on the beach at
night. Along the rims of small lagoons, the
sand turns to mud so dark it reflects blue,
and pocked with deep, club-toed holes — a
hippopotamus entered the water here. Nearby,
silent claw marks spike a line of stars to a
driftwood bench where a disassembled crab
lies meticulously clean on furrows of bark —
marsh mongoose.

The most staggering signature of all: the
mammoth leatherback sea turtle has left broad
belts uphill along the beach, wide as sofas and
dented like monster tires. Its labor has written
perplexed circles in the sand, stamped with
desperate sand piles to hide its nest from
predators. From the air, these same tracks
appear aboriginal, deliberate, inspired. Coils
of design unfurl like tendrils of fern in an elegance imperceptible from ground level, forcing
you to step back for a moment and stop reading the fine prints. For a moment, simply con-
template the fact that these tracks still run so
free, that these stories are still so well written.

During the rainy season, minor lagoons break open in an unpredictable
flux of tide strength and rainfall, feeding the ocean. African forest buffalo
troll the beaches year round, their tracks washing out in mixed waters

cheval entre de... domaines na...
la limite des royaumes fondame...
la dynamique qui sépare et unit...
et parallèles.

Les pistes sont claires sous la l...
empreintes de léopard et de genet...
cylindriques d'un buffle mâle solit...
d'une nandinie en rosettes traînan...
et rayonnantes, elles ponctuent le...
allées et venues groupées ou solita...
des parcours, sur la plage nocturn...
charognards et des prédateurs. Su...
lagunes, le sable fait place à une b...
trouée un peu partout des pistes p...
forme de trèfle, qu'ont laissées les...
entrée dans l'eau. Tout près, des tr...
ponctuent une ligne d'étoiles jusqu...
mer où gît, sur une nappe d'écorc...
méticuleusement évidé et démont...
marais est passée par là.

Signature stupéfiante à l'extrêm...
un mastodonte qui a creusé des si...
largeur de sofas, dentelés comme...
de sa reptation, elle a tracé dans le...
spects, ponctués de talus, dans l'es...
prédateurs. Vues des airs, ces mêm...
tives, délibérées, voire inspirées. L...
comme les frondes de fougères do...
ble au sol, vous force à prendre un...
rompre votre lecture des petits car...
vous pouvez simplement vous réj...
courent toujours avec une telle lib...
toujours aussi bien écrits.

Pendant la saison des pluies, sous l'effet imprév...
tions, les plus petites lagunes se fondent avec l'...
forêt parcourent les plages, leurs traces venant...

LEATHERBACK SEA TURTLE

Leatherback sea turtles are the largest reptiles on earth and have existed for more than 65 million years — before the fall of dinosaurs. They migrate thousands of miles a year, crossing entire oceans. Leatherbacks lay clutches of about 120 eggs every three to four years, with a natural hatching success rate of just over half — many young do not hatch or are eaten by predators before reaching the ocean. Those that do succeed often do not live more than a few years because of hunting and accidents at sea.

Males never come ashore and females spend only a few hours of their lives on land, but leatherbacks are critically endangered in part because of beach-bound human pressures. On some south-eastern Asian islands, an estimated 95 percent of the clutches are harvested for consumption by people. The Pacific islands were once the primary breeding ground for this species, but scientists now believe the equatorial western coast of Africa is the key to leatherback survival.

Leatherbacks also face battles at sea. Marine turtles are easily entangled and drowned in commercial fishing nets, then discarded as unprofitable by-catch. These reptiles also mistakenly consume plastic bags for jellyfish; the bags can block the turtles' intestinal tracts and cause death. Water pollution — not uncommon in Gabon's oil-field waters — also threatens turtles.

The Gabonese Republic and Republic of Congo have committed to protect large strips of beach habitat for leatherback nesting. Once proper patrols, community awareness, and scientific and international attention are in place, Loango, Mayumba, and Conkouati-Douli national parks in the two countries will be able to

Gabon's pristine coast plays harbor to sea turtles stealing ashore at night to lay eggs. Of the dozens of eggs laid, nest-raiding by crabs, mongoose, monitor lizards, and people reduces the survival rate of these ancient, globe-spanning animals. Lost logs from forestry operations clutter the beach north of Gamba – a loss for foresters as well as for sea turtles blocked from nesting sites.

Subrepticement, à la faveur de la nuit, les tortues de mer viennent pondre leur douzaine d'œufs sur le littoral intact du Gabon. Mais la prédation exercée par les crabes, les mangoustes, les varans et les humains réduit les chances de survie de ce vénérable animal jadis répandu dans le monde entier. Des billes échappées d'exploitations forestières jonchent la plage au nord de Gamba, perte pour les exploitants certes, mais aussi pour les tortues marines coupées de leurs lieux de ponte.

LA TORTUE LUTH

Le plus grand reptile vivant, la tortue luth était sur la planète du temps des dinosaures, il y a plus de 65 millions d'années. Tous les ans, elle parcourt des milliers de kilomètres, traversant des océans entiers. La femelle pond environ 120 œufs à tous les trois ou quatre ans, dont un peu plus de la moitié éclosent; de ce nombre, plusieurs jeunes seront dévorés par des prédateurs avant d'atteindre l'océan. Ceux qui y parviennent ne vivent souvent que quelques années, victimes de la chasse et d'accidents en mer.

Même si les mâles ne touchent jamais terre et si les femelles n'y passent que quelques heures pour pondre, les tortues luth risquent l'extinction à cause des pressions exercées sur les plages par les humains. Dans certaines îles du sud-est asiatique, on estime que 95 p. cent des couvées sont récoltées pour être consommées. Si les îles du Pacifique ont déjà été le principal site de reproduction de la tortue luth, les scientifiques croient aujourd'hui que c'est sur la côte ouest de l'Afrique équatoriale que se joue sa survie.

Les tortues luths sont même en péril dans l'océan. En effet, souvent emmêlées dans les filets de pêche industrielle, elles se noient et sont rejetées comme prises accessoires non rentables. Elles meurent aussi parfois d'occlusion intestinale pour avoir avalé des sacs de plastique qu'elles ont pris pour des méduses. La pollution de l'eau, assez commune dans les eaux des champs pétrolifères du Gabon, les affecte également.

La République gabonaise et la République du Congo se sont engagées à protéger de larges bandes de plage pour y permettre la nidification des tortues luths. Une fois des patrouilles instaurées et la population locale, la communauté scientifique et le monde entier sensibilisés, les parcs nationaux de Loango, de Mayumba et de Conkouati-Douli de ces deux pays seront mieux à même de protéger cette précieuse aînée de la planète.

Gabon's littoral zone provides seasonal stopover for migratory birds, including this mixed-species flock of terns in Loango National Park. Akanda National Park, north of Libreville, was designated to protect winged visitors.

Le littoral du Gabon est une halte saisonnière pour de nombreux oiseaux migrateurs comme ces sternes d'espèces diverses réunies au parc national de Loango. Le parc national d'Akanda, au nord de Libreville, a été désigné zone de protection de la faune ailée.

From leatherbacks to silverbacks, the coastal realm teems with aquatic and terrestrial life. Animals – including a checklist of threatened species such as African forest elephants, western lowland gorillas, chimpanzees, west African manatees, leatherback sea turtles, and olive ridley sea turtles – ride the edge.

De la tortue luth au gorille à dos argenté, un grand nombre de créatures aquatiques et terrestres arpentent le domaine littoral avec insouciance. Nombre d'entre elles pourtant, comme l'éléphant de forêt d'Afrique, le gorille, le chimpanzé, le lamantin, la tortue luth et la tortue olivâtre, sont sur la liste des espèces menacées.

Two pan-tropical species of mangrove trees, the black and red, line lagoons near ocean outlets, hiding hippos capable of submerging for a half hour.

Deux espèces pan-tropicales de palétuviers, le noir et le rouge, poussent en bordure des lagunes, près de l'océan, dissimulant les hippopotames, capables de demeurer sous l'eau pendant une demi-heure.

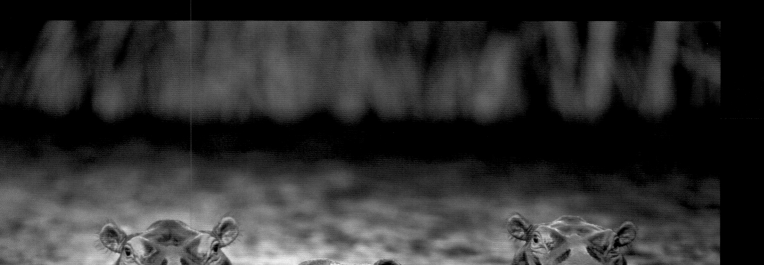

A CLOSER LOOK

BEHIND THE BEACH

Well-defined trails mat the grasses of the coastal plain, just off the beach. Elephants and buffalos maintain these paths with years of heavy pacing on a ribbon of flat land between the forest and sand. Large mammals can be spotted behind the beach in the daylight, while camera traps reveal smaller, more obscure creatures, mostly during the night.

Clockwise: a red-capped mangabey *Cercocebus torquatus* skirting the edge of a shallow lagoon, a baby elephant finding safety beneath its mother's legs, a blotched genet *Genetta tigrina* searching for food at the base of a palm tree, a Nile crocodile *Crocodylus niloticus* crossing dry land, and a marsh mongoose *Atilax paludinosus* hunting amongst driftwood.

DERRIÈRE LA PLAGE

Des pistes bien nettes sillonnent les hautes herbes de la plaine littorale, juste au-dessus de la plage. Au fil des années, éléphants et buffles ont imprimé de leurs lourds passages ces sentiers sur le ruban de prairie qui marque la limite entre plage et forêt. Dans la journée, on peut voir de grands mammifères derrière la plage; les petites créatures, plus furtives, sont surprises durant la nuit par les appareils photos à déclenchement automatique.

Dans le sens des aiguilles d'une montre, à partir du haut à gauche : un cercocèbe à collier blanc (*Cercocebus torquatus*) se glisse en bordure d'une lagune peu profonde; un éléphanteau cherche protection sous sa mère; une

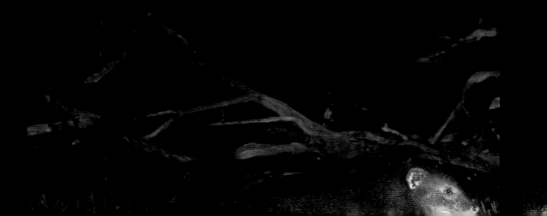

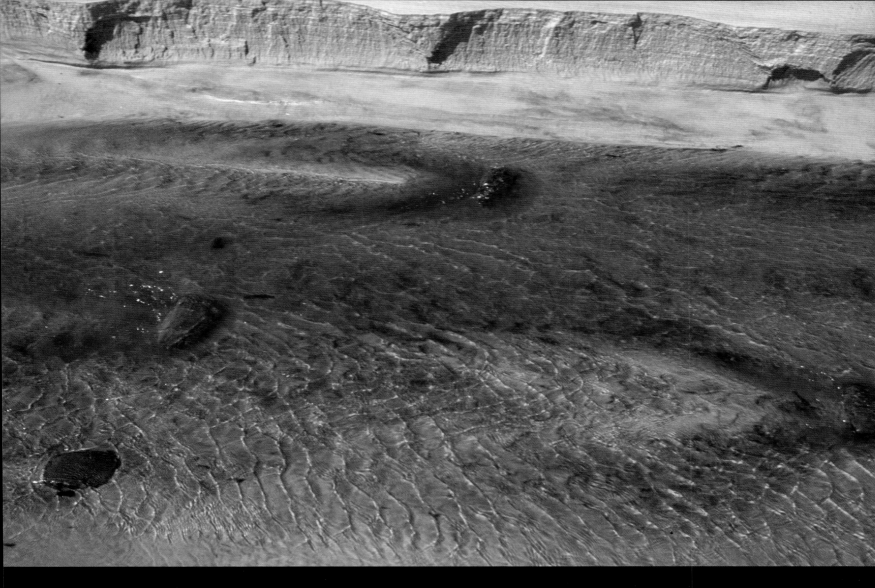

Grain by grain, the land-water interface shifts. Sand can pile meters high, then suddenly displace to expose skeleton bedrock. Lagoons come and go. Beach cuts seal closed, then bleed open again – dynamic reminders of fragility and flexibility of life on an edge.

Grain par grain, la côte se transforme. Le sable peut s'entasser en dunes hautes de plusieurs mètres qui s'effacent aussi vite pour découvrir la roche nue. Les lagunes naissent et disparaissent. Des lobes de plage se ferment, puis s'ouvrent pour se confondre à nouveau avec l'océan, témoignant du caractère fragile et mouvant de la vie sur la marge.

OFFSHORE FISHING

Standing on the coast overlooking the ocean, you expect to gaze uninterruptedly over the watery horizon. But just a few hundred meters from the coast, illegal commercial fishing boats are often spotted, trawling long nets behind them in a round-up catch. Largely unregulated, boats violating the five-kilometer legal zone are known to turn off lights, cover numbers and names, and lower flags when in sight of vessels or aircraft that could report them to the authorities.

Fish stocks are likely depleting, including marine turtles, dolphins, and "undesirable" fish snared as by-catch. Illegal boats often congregate near river and lagoon outlets where waters are rich, perhaps affecting inland fisheries.

Gabon has little patrol capacity to regulate its coastal waters and fisheries, but conservation scientists and local communities deeply concerned by illegal off-take are joining forces to guard the zone. Silent at sea, unregulated offshore fishing is among the most urgent conservation issues facing Gabon today.

LA PÊCHE HAUTURIÈRE

En observant l'océan depuis les hauteurs de la côte, on s'attendrait à trouver un horizon ininterrompu de plaine liquide. Pourtant, on remarque souvent, à quelques centaines de mètres des rives, le passage de bateaux qui pratiquent la pêche commerciale illégale, traînant derrière eux de longs filets qui raflent tout. Ces véritables corsaires pêcheurs, qui violent la limite des cinq kilomètres, n'hésitent pas à éteindre leurs feux, à dissimuler leurs noms et leurs immatriculations et à baisser leurs drapeaux dès qu'ils aperçoivent un navire ou un avion susceptible de signaler leur présence aux autorités.

Les stocks de poissons déclinent vraisemblement, comme ceux des espèces « indésirables » capturées en même temps : poissons non commercialisables, tortues de mer, et dauphins. Les navires des braconniers s'assemblent souvent dans les embouchures de rivières et de lagunes, où les eaux sont particulièrement poissonneuses, nuisant peut-être ainsi à la pêche intérieure.

Le Gabon est mal équipé pour patrouiller son littoral. Les scientifiques en conservation et les populations locales, profondément inquiets de cette ponction illégale, conjuguent leurs efforts pour protéger cette zone. Sournoise, la pêche non réglementée est aujourd'hui l'un des plus grands problèmes de conservation du Gabon.

Rich waters and healthy forests can sustain Gabon if managed wisely. Fishing boats illegally trawl the seas closely offshore of Loango National Park. Proper environmental codes and enforcement are under construction in Gabon.

Ses eaux riches et ses forêts luxuriantes peuvent faire vivre le Gabon si on les gère correctement. Des bateaux de pêche traînent leurs chaluts illégalement sur les fonds proche des côtes du parc national de Loango. Le Gabon met actuellement en place des codes pour le respect de l'environnement et les

Families of elephants wander undisturbed along the Loango coast, grazing on bluffs overlooking the Atlantic Ocean and moving beneath palm trees.

Le long de la côte de Loango, une famille d'éléphants déambule paisiblement, paissant sur les talus qui dominent l'Atlantique, puis s'éloignant sous les palmiers.

An olive ridley turtle *Lepidochelys olivacea* lumbers onto the beach to nest, while egg seekers like monitor lizards and ghost crabs scope the scene. Restrictions on motorized access will keep the beach undisturbed and natural, allowing wildlife to live in innate interaction.

Une tortue olivâtre (*Lepidochelys olivacea*) se traîne sur la plage pour pondre, pendant qu'un varan et un crabe fantôme, friands de ses œufs, explorent la plage. Grâce à l'imposition de restrictions à l'accès des véhicules motorisés, la plage sera laissée à son état naturel, ce qui permettra aux espèces sauvages d'y cohabiter sans ingérence extérieure.

Water shapes the land, birds shape the air. Pink-back Pelicans *Pelecanus rufescens* take flight near Setté Cama. A stone's throw up the coast, high surf and strong currents hammer the shore, exposing cliffs at the forest edge of Point Milongo, Loango National Park.

L'eau sculpte la terre, les oiseaux fendent l'air. Des pélicans à bec rouge (*Pelecanus rufescens*) prennent leur envol près de Setté Cama. Tout près de là, sur la côte, de hautes vagues déferlantes et des courants puissants s'attaquent au littoral, exposant les falaises qui bordent la forêt de la pointe Milongo, dans le parc national de Loango.

SURFING HIPPOS

A male hippopotamus lurks in Atlantic waves. Just after nightfall, he left his coastal lagoon, heading straight across the beach into the ocean like a tugboat off to sea, pushing through white foam past the breakers. Wading south against the current for two hours, he paralleled shoreline for more than two kilometers before lumbering from the waves back across the beach to graze in a fertile grassland.

Hippos can lip-clip 60 kilograms of herbs in a five-hour feed, slowly digesting while at rest in adjacent lakes and rivers. This hippo journeyed through Atlantic waters in his quest for tender grasses found far from his daytime haunts. Morning found fresh tracks in the sand tracing the end of the nighttime ritual. After mowing his way north for more than a kilometer, he crossed the beach around 4:00 in the morning and rode the surf back to the lagoon where he spends his days.

Once hippos ranged from the northern Nile to the southern Cape without rarity. Today's distribution is quickly shrinking and limited to grassy water courses across the middle of Africa. Populations in the Gamba Complex are an important stronghold for Gabon.

HIPPOS MARINS

Un hippopotame mâle guette au milieu des vagues de l'Atlantique. La nuit à peine tombée, il a quitté la lagune côtière, traversé la plage et s'est propulsé comme un remorqueur dans les bouillons d'écume par delà les brisants. Après avoir pataugé deux heures parallèlement au rivage en direction sud sur plus de deux kilomètres à contre-courant, il a émergé des vagues et traversé la plage pour brouter dans un pré fertile.

À coups de lèvres, un hippopotame moyen peut ingurgiter 60 kilos de fourrage par séance de cinq heures, pour ensuite le digérer lentement, au repos dans les lacs et les rivières du voisinage. Cet hippopotame a bravé les eaux de l'Atlantique pour trouver de l'herbe tendre loin de son territoire diurne. Au matin, des empreintes fraîches dans le sable révèlent le terme de son rituel nocturne. Après avoir brouté vers le nord sur plus d'un kilomètre, le grand mammifère a retraversé la plage vers 4 h du matin, et s'est laissé porter par les vagues jusqu'à la lagune où il séjourne.

Autrefois, les hippopotames étaient abondants depuis le Nil dans le nord jusqu'au Cap dans le sud. De nos jours, leur distribution diminue à vue d'œil; on n'en observe plus que dans les cours d'eau herbeux du centre de l'Afrique. Le Complexe de Gamba est un des derniers bastions importants de leurs populations au Gabon.

Gabon straddles the equator, fixing sunrise and sunset to the same hour all year. Other changes come with the seasons: distinct rainy and dry months bring fluctuation in temperature, cloud cover, and precipitation, influencing wildlife. An African Skimmer *Rhynchops flavirostris* slices the still water of a seasonal lagoon in search of a meal.

Le Gabon est traversé par l'équateur; le soleil s'y lève et s'y couche donc à la même heure toute l'année. Les autres changements se présentent avec les saisons : l'alternance de mois pluvieux et sècs bien distinctes influe des fluctuations de température, de couvert nuageux et de précipitations et, partant, sur la faune et la flore. Ici, un bec-en-ciseaux d'Afrique (*Rhynchops flavirostris*) entaille la surface d'huile d'une lagune côtière, en quête d'un repas.

Alcedo quadribrachys

LA BIODIVERSITÉ

BIRDS

The Green-backed Heron *Butorides striatus*, Sooty Boubou *Laniarius leucorhynchus*, Great Blue Turaco *Corythaeola cristata*, African Fish Eagle *Haliaeetus vocifer* — so begins a list of the 455 different birds recorded from the Gamba Complex, 67 percent of Gabon's known total. Birds are the most diverse and best-known group of terrestrial vertebrates and can play key ecological roles as consumers of fruits, plants, insects, amphibians, reptiles, and mammals. As frugivores, they disperse seeds; as nectarivores, they pollinate; as insectivores, they control insect populations. Some birds, like the Olive Sunbird *Nectarinia olivacea*, play dual roles as nectivore-insectivore. In turn, birds are prey for numerous carnivores. Because of these critical ecological roles, disappearance of certain bird species may affect the ecological health of the rest of the biological community in a given area.

At the Gamba Complex, one of Gabon's six Important Bird Areas, avian research focuses on adding to the list of bird species, both in and out of oil production areas; evaluating differences in bird populations and distribution that might be attributed to development of oil and other resources; and obtaining baseline information to devise monitoring programs and additional research projects.

Birds are moderately difficult to record; hidden in the canopy, they are often heard but not seen. Ornithologists tape calls for verification and play them back to attract birds into view. Researchers also use large, finely meshed mist nets strung in the forest understory to capture individuals for observation and measurement, photographing and sampling specimens for documentation, genetic, and morphologic studies.

Taken as a whole, bird communities in the Gamba Complex seem little affected by resource development to date. Deforestation, including logging, is the primary habitat disturbance; road building, habitat fragmentation, and hunting are secondary but important. Controlling these impacts and promoting education about birds through ecotourism and other means are positive steps for bird conservation in the Complex.

Shining-blue Kingfisher
Martin-pêcheur azuré

LES OISEAUX

Le héron strié (*Butorides striatus*), le gonolok fuligineux (*Laniarius leucorhynchus*), le touraco géant (*Corythaeola cristata*), la pygargue vocifer (*Haliaeetus vocifer*)… C'est ainsi que débute la liste des 455 espèces d'oiseaux observés dans le Complexe de Gamba, soit 67 p. cent du total d'oiseaux identifiés au Gabon. Les oiseaux sont le groupe de vertébrés le plus varié et le mieux connu de la planète; ils jouent un rôle écologique clé en tant que consommateurs de fruits, de plantes, d'insectes, d'amphibiens, de reptiles et de mammifères. Les frugivores dispersent les graines. Les nectarivores pollinisent. Et les insectivores aident à contrôler les populations d'insectes. Certains oiseaux, comme le souimanga olivâtre (*Nectarinia olivacea*), font office de nectarivores et d'insectivores. À leur tour, les oiseaux sont les proies de nombreux carnivores. Compte tenu de ces rôles écologiques vitaux, la disparition de certaines espèces d'oiseaux peut affecter la santé écologique du reste de la communauté biologique d'une région donnée.

Au Complexe de Gamba, l'une des six zones aviaires importantes du Gabon, les ornithologues s'efforcent d'étoffer la liste des espèces relevées, tant à l'intérieur qu'en dehors des aires pétrolifères; d'évaluer les différences de populations et de distribution des oiseaux attribuables aux activités pétrolières et autres; et d'établir une base de données pour la formulation de programmes de surveillance et de projets de recherche additionnels.

La plupart des oiseaux se cachent dans la canopée, si bien qu'il est en général plus facile de les entendre que de les observer. Les ornithologues enregistrent leurs chants et se servent de magnétophones pour les attirer. Ils capturent aussi des oiseaux dans les sous-bois au moyen de grands filets aux mailles très fines, pour les étudier et les mesurer, les photographier et les échantillonner à des fins d'études génétiques et morphologiques.

Vues dans leur ensemble, les communautés d'oiseaux du Complexe de Gamba semblent à ce jour avoir été peu affectées par les activités humaines. La déforestation, y compris la coupe du bois, est le principal facteur de perturbation de leur habitat; la construction de routes, la fragmentation des habitats et la chasse sont secondaires, mais ont leur importance. Le contrôle de ces impacts et la diffusion des connaissances sur les oiseaux par l'écotourisme et divers autres moyens représentent autant d'étapes positives en vue de la conservation de l'avifaune du Complexe.

Accipiter castanilius

Alcedo leucogaster

Alethe castanea

Anabathmis reichenbachii

Andropadus curvirostri

Andropadus virens

Bleda syndactyla

Butorides striatus

Camaroptera brachyura

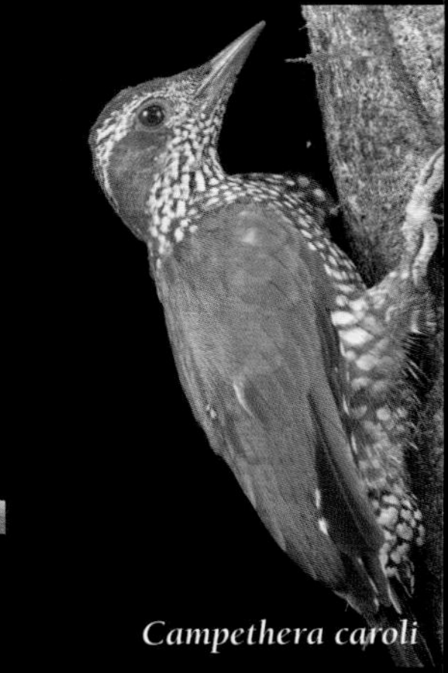

Campethera caroli

Ceyx lecontei

Chalcomitra fuliginosa

Chalcomitra rubescens

Cinnyris chloropygius

Cossypha niveicapilla

Criniger calurus

Cyanomitra verticalis

Cyanomitra verticalis

Fraseria cinerascens

Glaucidium sjostedti

Merops breweri

Merops malimbicus

Muscicapa olivascens

Nicator chloris

Phyllastrephus icterinus

Platysteira cyanea

Psittacus erithacus

Pycnonotus barbatus

Pyrenestes ostrinus

Spermophaga haematina

...hrornis erythrothorax

Terpsiphone viridis

Turtur brehmeri

Turtur tympansitria

Zoothera camaronensis

Well known throughout Gabon by both feather and song, the African Gray Parrot is a national symbol.

Bien connu dans tout le Gabon par son plumage et son ramage, le perroquet gris est devenu un symbole national.

Next pages: Pairs, clockwise from upper left: Collared Sunbirds, Blue-billed Malimbes, Green-headed Sunbirds, Chestnut-backed Owlets.

Pages suivantes : Couples d'oiseaux, dans le sens des aiguilles d'une montre, en partant d'en haut à gauche : souimangas à collier, malimbes à bec bleu, souimangas olive à tête brune, chevêchettes à queue barrée.

101

Hedydipna collaris

Glaucidium sjostedti

Malimbus nitens

Cyanomitra verticalis

Chalcomitra fuliginosa

Merops variegatus

Left: Africa's "hummingbird," the highly active Carmelite Sunbird, uses its slender, decurved bill to extract nectar by piercing the base of flowers. The Gamba Complex's 18 different sunbirds are important pollinators.

À gauche : Semblable à un colibri, le très actif souimanga carmélite fait usage de son bec effilé et incurvé pour extraire le nectar en perçant les fleurs à leur base. Les 18 espèces de souimangas répertoriées dans le Complexe de Gamba sont d'importants pollinisateurs.

Above: Visible across grasslands, the Blue-breasted Bee-eater perches on low branches, often at forest edges, hawking passing insects in short flights before returning to the same branch.

Ci-dessus : Commun dans les savanes, le guêpier à collier bleu chasse depuis les branches basses, souvent à l'orée de la forêt. Lorsqu'un insecte passe à proximité, il fond dessus à toute allure avant de revenir se poser sur la même branche.

The largest elephant seen in the area bears gigantic tusks – often sign of a mild temperament and a tendency to avoid combat or tree ramming that may break the teeth. Solitary bulls are common because of a matriarchal society organized around cows and calves; males spurned at puberty (8 to 20 years) join bachelor groups, and older bulls move alone.

Le plus grand éléphant trouvé dans la région arbore des défenses gigantesques – signe souvent révélateur d'un tempérament calme et d'une tendance à éviter les combats et les coups contre les arbres qui peuvent casser les défenses. Il n'est pas rare de rencontrer des mâles solitaires car les éléphants forment une société matriarchale axée sur les femelles et leurs petits; abandonnés à la puberté (entre 8 et 20 ans), les mâles se joignent à des groupes de jeunes mâles tandis que les plus anciens se déplacent seuls.

GRASSLANDS
LES SAVANES

Inlaid between coast and forest, a meadow opens out in knee-high bunchgrass. Wait a few months and the stems will have grown into a tall horizon of golden, sashaying seedheads. As they ripen, the rains slow to nil, and the clearings are lit in flame — orange walls advance the countryside, crackling in smoke, leaving only smolders of sand-and-ash like salt-and-pepper ground. But wait again: glowing tufts appear. Bleak char somehow brings forth a new generation of eager prairie glade. The tapis grows thicker with each rain, filling a live fringe to the sky, covering bald spots with sedge until you start to recognize where you first landed, knee high in an age-old annual cycle.

Many African countries use burns to stimulate new shoots for grazing, but Gamba has few grazers where fire is practiced. Local people give differing reasons for burning: it's a good cleaning; it helps bananas grow; it attracts buffalo; it deters snakes. For all reasons, fire is deeply trenched in local land management. Firelines break when they meet the forest, searing abrupt divides between woodlots and grassland and excluding tree colonization on the savanna. Tree growth is also water driven. Woody patches huddle near waterholes in compact knots, isolated but invisibly linked by traveling monkeys, avian flyways, chimpanzee mobiles, and trains of bush pig. Like islands, forest

The vast grasslands of the Vera Plains near Gamba descend to the southern reaches of the N'dogo Lagoon, with the Doudou mountain range rising in the background.

Les vastes savanes des plaines de Vera, près de Gamba, s'abaissent vers l'extrémité sud de la lagune N'dogo, dominées par la chaîne des monts Doudou.

Inséré entre côte et forêt, le pré d'herbages vous arrive aux genoux. Encore quelques mois de croissance et il vous cache l'horizon de ses hauts épis dansants. Entre-temps, les pluies ont diminué, puis cessé. C'est alors qu'on met les prairies à feu. Des murs de flammes orangées, fumantes et crépitantes, dévorent tout, ne laissant que des cendres et du sable sur un sol poivre et sel. Mais attendez quelques jours et des pousses claires émergent : entre les scories, une nouvelle génération d'herbacées habille le relief. Ce tapis s'épaissit à chaque averse, composant à l'horizon une bordure vivante, couvrant de carex les zones dénudées, jusqu'à ce que vous commenciez à reconnaître l'endroit où vous vous êtes tenu à votre arrivée, à hauteur de genou dans un cycle annuel immémorial.

Dans plusieurs pays africains, les brûlis servent à stimuler la croissance de jeunes pousses pour les pâturages. Or, le bétail est plutôt rare dans la zone de brûlis de Gamba. Les autochtones le justifient de diverses façons : c'est une bonne façon de nettoyer; ça fait pousser les bananes; ça attire les buffles; ça chasse les serpents. Quelle qu'en soit la raison, les brûlis sont profondément ancrés dans les modes traditionnels de gestion du territoire. Les lignes de feu s'interrompent au contact de la forêt, créant entre les boisés et la savane des divisions abruptes qui empêchent cette dernière d'être colonisée par les arbres. Pour pousser, les arbres ont aussi besoin d'eau. Des parcelles boisées se forment en nœuds compacts autour des trous d'eau, isolées mais invisiblement reliées par les périples des singes itinérants, les voies migratoires des oiseaux, les groupes de chimpanzés et les meutes de potamochères. Comme des îles, ces parcelles de forêt restent intactes, en apparence ignifuges, résistantes et insubmersibles.

Matted trails enter the forest plots in array. Inside, it's cool and low lit. Dead leaves cover the ground in chestnut and olive and faded reds; marsh mud is stained black. The understory is thin and smells of rotting logs. Tree trunks rise in wide poles and ropey lianas descend from their boughs, thick as torsos and twisted like hair. Suddenly the leaves splash alive: a mixed-species group of monkeys moves through the canopy like rain. Red-capped mangabeys fall to the ground and walk, at stone's throw, over the soft earth and rootwads. They pass with indifference, simply itinerant, aloof yet alert, skimming the ground. Moustached monkeys scatter above, barely looking down, catapulting grace through shadowed green. As quickly as they came, they are gone. They have moved on, masters of forest patches and connectivity, roving and beyond us all.

Des réseaux de sentiers piétinés aboutissent à ces parcelles boisées, havres d'ombre et de fraîcheur. Le sol y est couvert de feuilles marron, olive et rouge passé, que la boue des marécages souille de taches noires. L'étroit sous-bois exhale des relents de bois pourri. Les troncs d'arbres s'élancent comme d'énormes mâts à l'assaut du couvert forestier. Des hautes branches tombent des torsades de lianes, grosses comme des torses humains, emmêlées comme des cheveux. Soudain, les feuilles s'animent de bruissements. Un groupe de singes d'espèces diverses traverse la canopée comme une averse. Des cercocèbes à collier blanc déboulent sur le sol, à un jet de pierre, et foulent le sol spongieux et les racines en pelotes. Ils passent devant vous, indifférents pèlerins, tout à la fois distants et alertes, effleurant le sol. En hauteur, une troupe de singes à moustache s'égaille, sans un regard pour le sol, bolides gracieusement catapultés dans le vert ombrage. Ils s'éclipsent tout aussi soudainement qu'ils étaient apparus. Ils sont déjà ailleurs, maîtres des parcelles et de la connectivité, vagabonds d'un ordre qui nous dépasse.

SIDE-STRIPED JACKAL

Discovery of side-striped jackals *Canis adustus* in the Gamba grasslands came as a surprise to researchers. After all, this canid is a "true" woodland-savanna species not found in rainforests. How did it arrive in Gamba's grasslands? Did it traverse large tracts of continuous forest, or snake through open patchlands to range in the Complex?

Side-striped jackals, the smallest of the African jackals (maximum weight 12 kilograms), are name for the black and white lines on their slender flank. Hunting mostly insects, rodents, and the occasiona young antelope, they also eat fruit, planted crops li corn, and even organic trash. In monogamous life-pairs, unusual for most mammals, they live as a fan unit until their litters of three to six pups demonstr they can survive on their own. Days are spent in d constructed from old termite mounds or rodent burrows; nights are spent hunting and feeding.

LE CHACAL À FLANCS RAYÉS

La présence du chacal à flancs rayés (*Canis adust* dans les savanes de Gamba a surpris les cherche. Espèce typique des forêts-parcs et des prairies, ce canidé est absent de la forêt tropicale humide. Comment est-il alors parvenu dans les savanes d Gamba? A-t-il traversé les vastes régions de forêt ininterrompue ou s'est-il faufilé en zigzag, au gre des parcelles défrichées, pour aboutir ici?

Le chacal à flancs rayés, le plus petit des cha d'Afrique (au plus 12 kilos), doit son nom aux rayures noires et blanches qui courent sur ses fla émaciés. Vivant surtout d'insectes et de rongeurs jeunes antilopes à l'occasion, il peut aussi se nou de fruits, de céréales comme le maïs et même de déchets organiques. Les couples, monogames po la vie à la différence de la plupart des mammifèr vivent en unités familiales jusqu'à ce que leurs t à six petits soient assez autonomes pour survivre

With about three-quarters of the country in forest, grasslands in Gabon lay in patches, the largest swaths on eastern plateaus. While some grasslands are stippled in saplings and burgeoning brush, Gamba's plains are mostly solid herbs and grasses.

Les trois-quarts du territoire étant occupés par la forêt, les savanes du Gabon forment une mosaïque dont les plus grandes pièces s'étendent sur les plateaux de l'est. Si certaines savanes sont parsemées d'arbrisseaux et d'arbustes bourgeonnants, les plaines de Gamba sont couvertes presque exclusivement de plantes herbacées.

...hants move along the edge of the forest to graze fresh foliage, which
...ys low to the ground with access to direct sunlight.

...éléphants longent l'orée de la forêt pour paître dans le feuillage nouveau
...pousse au ras du sol, éclairé directement par la lumière du soleil.

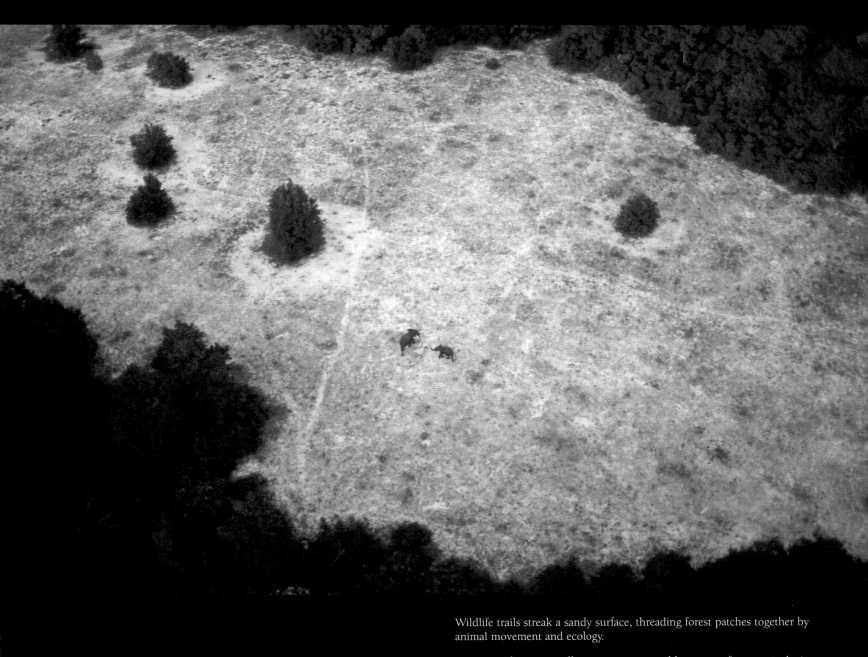

Wildlife trails streak a sandy surface, threading forest patches together by animal movement and ecology.

Des pistes d'animaux sillonnent une zone sablonneuse , faune et écologie se conjuguant pour relier les parcelles de forêt entre elles.

Twenty-six species of mid- to large-sized mammals were found in Loango National Park, with littoral meadows frequented by African forest buffalo year round.

On a recensé vingt-six espèces de mammifères de taille moyenne ou de grande taille dans le parc national de Loango, dont les prairies littorales sont fréquentées à l'année longue par le buffle de forêt d'Afrique.

A CLOSER LOOK

BEE-EATERS

Bee-eaters are near passerine birds in the family Meropidae, characterized by richly colored plumage, slender builds, and usually elongated central tail feathers. These birds colonize tunnels in sandy ground and breed in open country in tropical and sub-tropical regions of the Old World.

In Loango National Park, scientists discovered colonies of several hundred Rosy Bee-eaters *Merops malimbicus* (pictured here) living in sand tunnels in the grasslands. Taking flight in swarms, they careened in display to attract mates in the breeding season.

There are 26 bee-eater species, conspicuous in coloration and gregarious in nature. Bee-eaters mostly eat insects, especially bees, wasps, and hornets caught in a swoop through the air. In Gamba, the Blue-breasted Bee-eater *Merops variegatus* is commonly seen perched on long grassy stems in clearings. Brilliant and sharp, the bird darts to catch flying insects and returns to the perch in single stride.

LES GUÊPIERS

Les guêpiers sont des oiseaux de la famille des méropidés, proches des passereaux, caractérisés par un plumage aux couleurs vives, un corps élancé et, ordinairement, de longues plumes caudales médianes. Ils vivent en colonies dans des tunnels aménagés en terrains sablonneux et se reproduisent dans les milieux ouverts des régions tropicales et subtropicales de l'Ancien Monde.

Les scientifiques ont trouvé au parc national de Loango des colonies souterraines de plusieurs centaines de guêpiers gris-rose (*Merops malimbicus*), ci-contre, aménagées dans les sols sablonneux de la savane. Durant la saison des amours, décollant en vifs essaims bruyants et colorés, ils usent de tous leurs atours pour charmer les partenaires éventuels.

On recense 26 espèces de guêpiers, tous de couleurs brillantes et de mœurs grégaires. Comme leur nom l'indique, ils se nourrissent surtout d'insectes, en particulier d'abeilles, de guêpes et de frelons qu'ils happent au vol. À Gamba, on voit souvent le guêpier à collier bleu (*Merops variegatus*), perché tout au bout d'une longue tige de roseau dans les clairières. Vif comme l'éclair, il s'élance de son tremplin, happe un insecte au vol et retrouve son perchoir en un seul coup d'aile.

Laid over nutrient poor sandy soils, grasslands provide low-quality forage that cannot support high levels of biodiversity, but attracts large-bodied, less-picky eaters like forest elephants and buffalos. Wildlife trails and 4x4 tracks easily leave long-lasting scars across the plain.

Les savanes, dont le sous-sol sablonneux est pauvre en éléments nutritifs, produisent un fourrage de médiocre qualité peu propice à une grande biodiversité mais tout à fait suffisant pour les grands animaux moins exigeants comme les éléphants et les buffles de forêt. Les cicatrices laissées par le passage des animaux sauvages et des véhicules tout-terrain marquent durablement la plaine.

A dense herd of red river hogs *Potamochoerus porcus* (also called bush pigs) darts into the forest. Distinct, whimsical white tufts extending from ears, eyes, jaws, and dorsal crest bristle under duress to appear larger, signaling defense.

Une harde compacte de potamochères (*Potamochoerus porcus*) se précipite vers la forêt. En cas d'agression, d'étranges touffes de poils blancs bien visibles se hérissent autour des oreilles, des yeux, des mâchoires et de l'échine de ces cochons sauvages, les faisant paraître plus gros.

Apparently drawn to forage in clearings created by oil operations in Rabi, elephants showed a tendency to retreat to the forest when done with feeding.

Apparemment attirés par le fourrage des clairières créées par l'exploitation pétrolière à Rabi, les éléphants tendent à regagner la forêt une fois repus.

Above: The Woolly-necked Stork *Ciconia episcopus* subspecies *microscelis* inhabits many wetter parts of Africa, feeding on fish, snakes, frogs, crabs, insects, and lizards – here, preying atop clay rocks in a Rabi clearing.

Ci-dessus : La sous-espèce *microscelis* de la cigogne épiscopale (*Ciconia episcopus*) se trouve dans de nombreuses régions humides d'Afrique, où elle se nourrit de poissons, de serpents, de grenouilles, de crabes, d'insectes et de lézards. Perchée sur des roches argileuses, celle-ci est à la recherche d'une proie, dans une clairière de Rabi.

Left: A troupe of western lowland gorillas *Gorilla gorilla gorilla* strides through the coastal grasslands in Loango National Park. Over half of Gabon's gorillas and chimps were lost to Ebola and commercial hunting between 1983 and 2000 – reason to elevate the "Endangered Species" status to "Critically Endangered Species." Photo by Major Boddicker.

À gauche : Une troupe de gorilles de plaine (*Gorilla gorilla gorilla*) traverse la savane côtière du parc national de Loango. Plus de la moitié des populations de gorilles et de chimpanzés du Gabon a disparu entre 1983 et 2000, en raison du virus d'Ebola et de la chasse commerciale, ce qui a incité à placer ces animaux, déjà désignés espèces en danger, sur la liste des espèces gravement menacées d'extinction. Photo par Major Boddicker.

Widespread in Africa, Gabonese say the agama lizard *Agama agama* arrived 25 years ago from other parts of west Africa on commercial boats. Now it is one of the most commonly seen reptiles, thriving in cities, roadsides, and open, sunny areas, and feeding on insects and fruits by day. Gabon is the only country where nocturnal populations are also known; like house geckos, they hunt insects near neon lights.

Selon les Gabonais, l'agame (*Agama agama*) a été introduit au pays il y a un quart de siècle par de bateaux de commerce d'Afrique occidentale. On l'observe aujourd'hui à peu près partout dans les zones ensoleillées et découvertes des villes et des bords des routes, où il se nourrit de jour d'insectes et de fruits. Le Gabon est le seul pays où l'on en trouve également des populations nocturnes qui, comme les petits geckos domestiques, chassent les insectes près des lumières au néon.

In the dry season (June through August), Gamba smells of smoke from grass fires started by local people to clear dried vegetation and encourage new growth. Grass fires are a land management tradition in Africa, with nearly 1.3 million square kilometers burned yearly in sub-equatorial parts of the continent.

Durant la saison sèche — de juin à août — Gamba est envahie par l'odeur de fumée venant des feux d'herbe qu'allument les habitants de la région pour éliminer la végétation desséchée et favoriser la repousse. Le brûlis est un procédé traditionnel de gestion des terres dans les régions équatoriales du continent africain où, chaque année, près de 1,3 million de kilomètres carrés sont brûlés.

Elephants are wide ranging, occupying coastal grasslands in certain seasons. Considered key-stone species for their disproportionately large effect on their surroundings, they are thought to dominate the coastal system: when they arrive, great apes relocate.

Au gré de leurs migrations considérables, les éléphants fréquentent les savanes littorales en certaines saisons. Considéré comme une espèce clé en raison de son impact disproportionné sur l'environnement, l'éléphant serait au sommet de l'écosystème côtier : ainsi, son arrivée chasse les grands singes.

Gold dipped and glowing, a sinuous plain unrolls its young carpet to the wooded walls.

Une plaine sinueuse déroule son tapis doré et luisant jusqu'aux murs de la forêt.

Right: At home on the range, Village Weavers *Ploceus cucullatus* knit herbs to build spherical quarters. Males weave elaborate nests to attract mates.

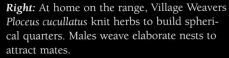

À droite : Le tisserin gendarme (*Ploceus cucullatus*) entrelace des brins d'herbe pour se construire un abri sphérique. Les mâles tissent des nids très raffinés pour séduire les femelles.

Left: Unlike most of its family, the eroded hingeback tortoise *Kinixys erosa*, a forest turtle, is mainly nocturnal, active also after daytime rains, searching foodstuff of plants, invertebrates, and preferably mushrooms. Still widely distributed in Gabon, this ornately armored reptile is a highly sought dish in villages.

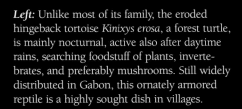

À gauche : À la différence de la plupart des membres de sa famille, la cinixys rongée (*Kinixys erosa*), une tortue de forêt, est surtout nocturne, bien qu'elle soit également active en journée après les pluies, à la recherche de plantes, d'invertébrés et principalement de champignons. Encore omniprésent au Gabon, ce reptile est cependant un mets très prisé des villageois.

The sun descends in the western sky out over the Atlantic Ocean. The Vera
Plains span like a sea of grass in the foreground.

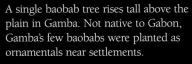

A single baobab tree rises tall above the plain in Gamba. Not native to Gabon, Gamba's few baobabs were planted as ornamentals near settlements.

Un baobab solitaire domine la plaine de Gamba. Introduits au Gabon, les quelques baobabs de Gamba ont été plantés comme arbres d'ornement près des villages.

Full circle – a surprise discovery in the grassland, the circular scrape of dirt marks an overturned turtle's efforts to right itself.

Surprise dans la savane : cette cavité circulaire dans le sol témoigne des efforts déployés par une tortue retournée pour reprendre pied.

In a rare sprint, African forest buffalos take flight over an elevated headland, illuminated by late-day sun glinting off the ocean.

Sur un haut promontoire, des buffles de forêt d'Afrique se lancent dans un rare galop, éclairés par les reflets du soleil couchant sur l'océan.

Hemidactylus muriceus

The common forest gecko – the most abundant gecko in the forests of Gabon – has adhesive lamellae on its toe tips, allowing it to clamber on foliage upside-down. Three other species of *Hemidactylus* occur in the country, one named and scientifically described as recently as 2002.

Gecko le plus abondant des forêts du Gabon, l'hémidactyle de forêt commun, porte au bout des doigts des lamelles adhérentes qui lui permettent de grimper sur les feuilles, même la tête en bas. On a relevé trois autres espèces d'*Hemidactylus* au pays, dont une a été décrite et nommée pour la première fois en 2002.

REPTILES

Reptiles — snakes, lizards, turtles, crocodiles — act as predators and prey both locally and across wide ranges; sea turtles, for example, may migrate between hemispheres. Many reptiles are secretive, camouflaged, and difficult to find, and documentation depends mostly on active searching by day and especially at night.

The Gamba Complex's mix of forest, savanna, freshwater, and marine environments encourages a diversity of reptiles: 84 species recorded to date, including 11 turtle species, 3 crocodiles, 2 amphisbaenians, 22 lizards, and 46 snakes — the longest list for any site studied in Gabon. Snakes include ten dangerously venomous species of medicinal importance. All three species of African crocodile are found in the Complex — the dwarf *Osteolaemus tetraspis*, Nile *Crocodylus niloticus*, and important populations of the slender-snouted *Crocodylus cataphractus*. Four species of sea turtle at the Complex include the leatherback *Dermochelys coriacea*, the largest turtle species in the world.

In Loango National Park, 36 forest, prairie, and marine reptile species were recorded, among them the extremely rare giant red skink *Lygosoma fernandi* and the little-known blind snake *Typhlops angolensis*. The reptile list for Moukalaba-Doudou National Park now stands at 42 species. Documentation of the recently described Maran's mud terrapin *Pelusios marani* in Moukalaba-Doudou marks the first time that this species, known only in 12 localities, has been recorded in a protected area. Of the 84 species recorded in the Complex, 56 species (67 percent) have been documented in its two national parks.

Many reptiles in Gabon, including the three African crocodile species and leatherback turtle, are at risk across all or parts of their historic global ranges. Thus it is important to learn about them and their habitats in the Complex and to devise conservation strategies such as species protection laws, better control of logging and deforestation, community awareness, and additional studies on their biology and ecological requirements. Although the forest herpetofauna of Gabon is very rich, it is also one of the least known and potentially one of the most endangered over the long term.

LES REPTILES

Les reptiles (serpents, lézards, tortues et crocodiles) sont à la fois prédateurs et proies dans le parc ainsi que sur de vastes territoires : les tortues marines, par exemple, peuvent migrer entre les hémisphères. Timides, souvent bien camouflés, la plupart des reptiles sont difficiles à observer et ce qu'on sait d'eux dépend essentiellement de recherches actives menées durant la journée et particulièrement durant la nuit.

Le voisinage des environnements de forêt, de savane, d'eau douce et d'océan qui caractérise le Complexe de Gamba favorise la diversité chez les reptiles : on en a relevé 84 espèces à ce jour — 11 de tortues, 3 de crocodiles, 2 d'amphisbéniens, 22 de lézards et 46 de serpents — une liste plus longue que sur tout autre site du Gabon. On retrouve parmi les serpents 10 espèces vénéneuses dangereuses de grande importance médicinale. Les trois types de crocodiles d'Afrique sont aussi représentés dans le Complexe, où cohabitent le crocodile nain (*Osteolaemus tetraspis*), le crocodile du Nil (*Crocodylus niloticus*) et d'importantes populations du crocodile africain à museau étroit (*Crocodylus cataphractus*). Parmi les quatre espèces de tortues marines relevées dans le Complexe, on note la plus grosse tortue au monde, la tortue luth (*Dermochelys coriacea*).

On a observé dans le parc national de Loango 36 espèces de reptiles de forêt, de prairie et de mer, dont le très rare scinque à flancs rouges (*Lygosoma fernandi*) et un serpent aveugle d'Angola (*Typhlops angolensis*) sur lequel on ne sait presque rien. La liste des reptiles du parc national de Moukalaba-Doudou compte aujourd'hui 42 espèces. L'observation récente dans ce parc d'une tortue palustre de Maran (*Pelusios marani*) est la première de cette espèce, identifiée sur 12 sites seulement, dans une aire protégée. Des 84 espèces de reptiles dont on connaît l'existence dans le Complexe, 56 (soit 67 p. cent) ont été observées dans ses deux parcs nationaux.

Plusieurs reptiles du Gabon, notamment les trois espèces de crocodiles et la tortue luth, sont en péril dans de grandes parties de leurs domaines traditionnels, d'où la necessité de mieux comprendre leur biologie et leurs habitats dans le Complexe et de concevoir des stratégies de conservation, notamment en les protégeant par des législations, en exerçant un meilleur contrôle sur les activités de coupe de bois et de déforestation, en sensibilisant les populations locales, et en menant des études sur leurs besoins biologiques et écologiques. Même si l'herpétofaune forestière du Gabon est très riche, elle est aussi l'une des moins connues au monde et potentiellement l'une des plus menacées à long terme.

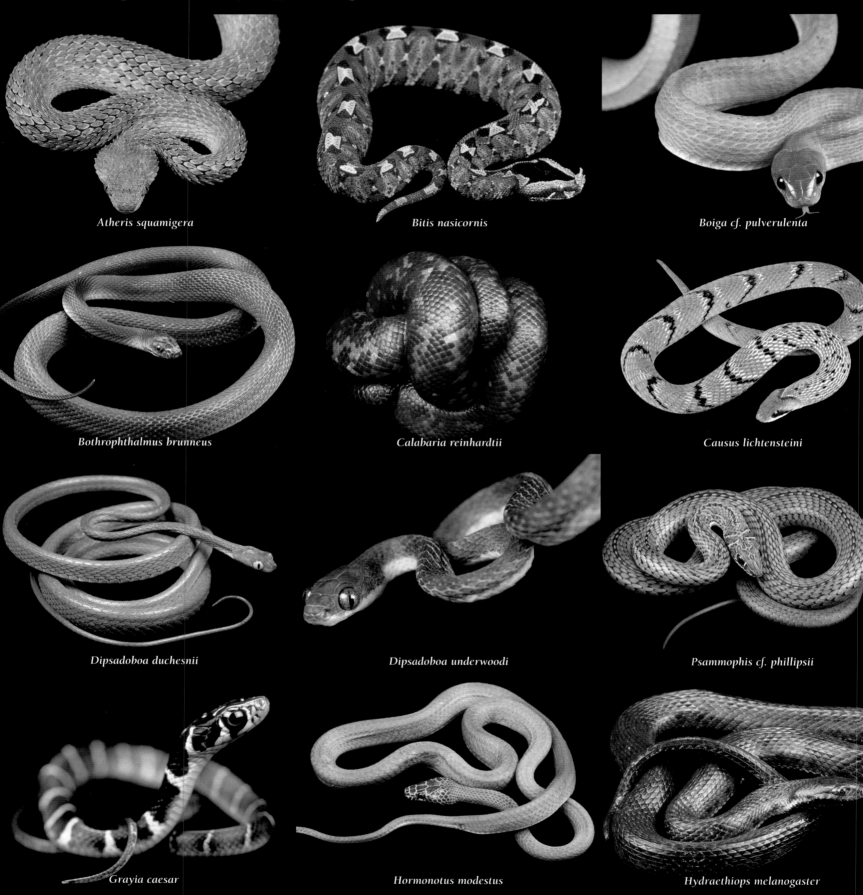

Atheris squamigera

Bitis nasicornis

Boiga cf. pulverulenta

Bothrophthalmus brunneus

Calabaria reinhardtii

Causus lichtensteini

Dipsadoboa duchesnii

Dipsadoboa underwoodi

Psammophis cf. phillipsii

Grayia caesar

Hormonotus modestus

Hydraethiops melanogaster

Lamprophis olivaceus

Lycophidion laterale

Mehelya poensis

Natriciteres fuliginoides

Philothamnus carinatus

Polemon collaris

Gonionotophis brussauxi

Python sebae

Rhamnophis aethiopissa

Rhamnophis batesii

Typhlops angolensis

Typhlops congestus

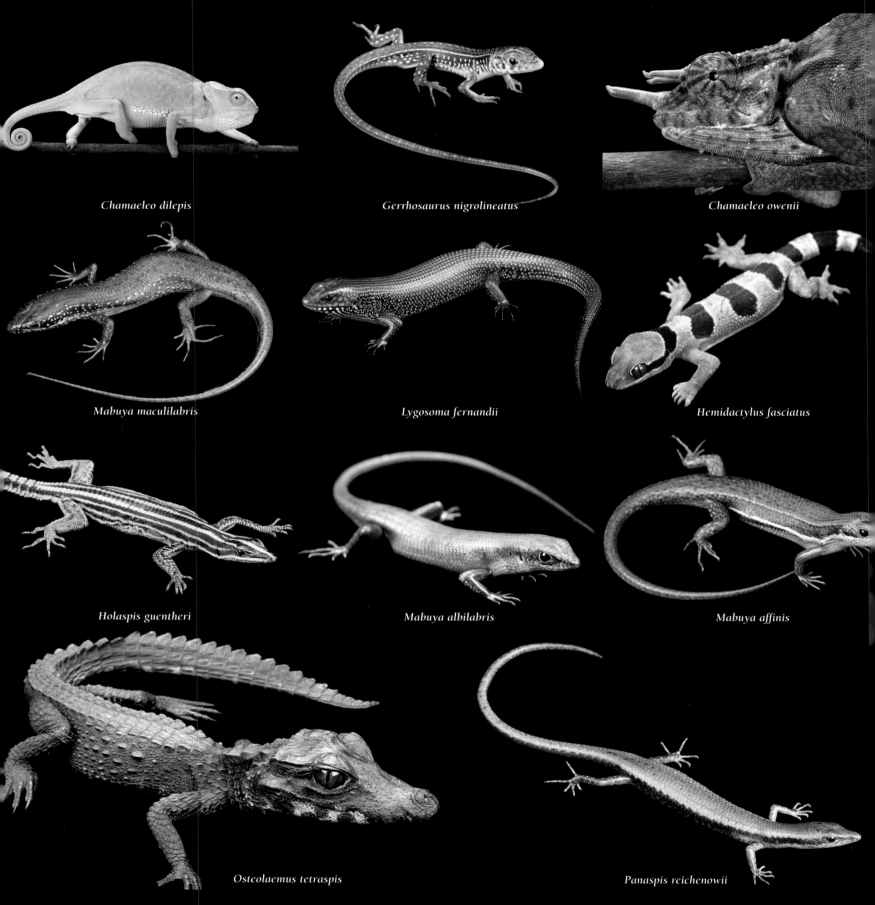

Chamaeleo dilepis

Gerrhosaurus nigrolineatus

Chamaeleo owenii

Mabuya maculilabris

Lygosoma fernandii

Hemidactylus fasciatus

Holaspis guentheri

Mabuya albilabris

Mabuya affinis

Osteolaemus tetraspis

Panaspis reichenowii

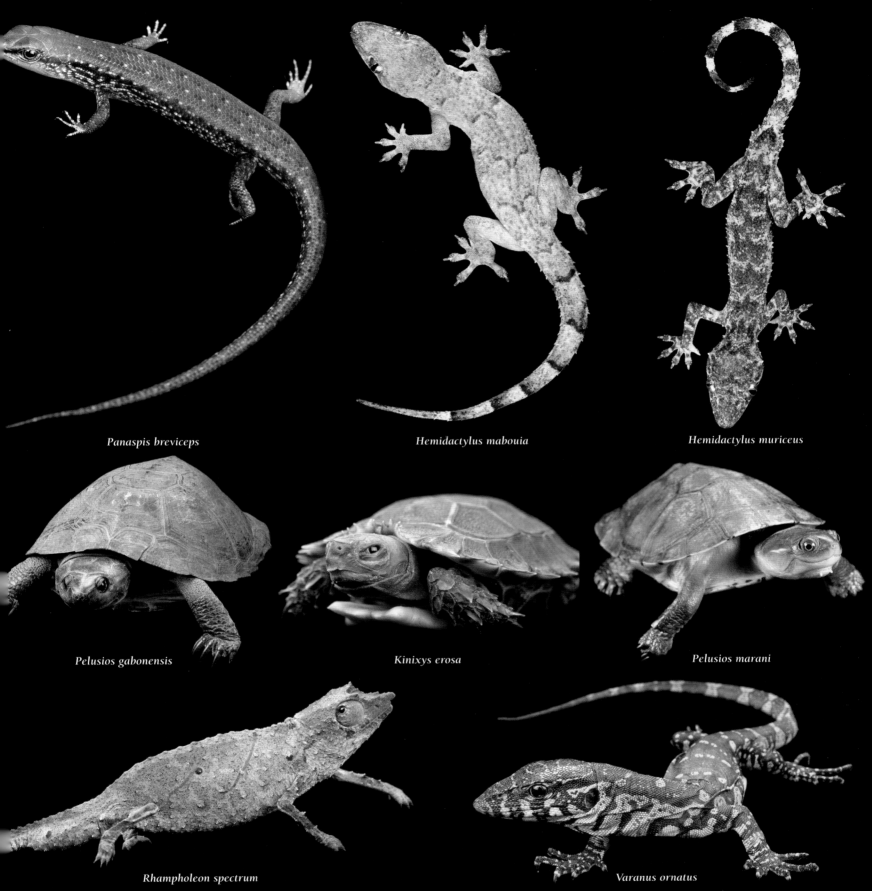

Panaspis breviceps

Hemidactylus mabouia

Hemidactylus muriceus

Pelusios gabonensis

Kinixys erosa

Pelusios marani

Rhampholeon spectrum

Varanus ornatus

Atheris squamigera

Small, highly venomous, and bad-tempered, the green bush viper spends lazy days meters-high at rest in trees and nights on the ground hunting. Hanging inverted from branches, its "sit-and-wait" strategy ambushes small rodents, lizards, and frogs.

Petite, très venimeuse et agressive, la vipère verte arboricole passe ses journées à paresser dans les arbres et ses nuits à chasser au sol. Surpendue la tête en bas à une branche, elle attend patiemment le passage d'un petit rongeur, d'un lézard ou d'une grenouille.

143

Chamaeleo owenii

Pelusios marani

Chamaeleo dilepis

Mehelya poensis

Previous pages, left: Males of the forest-dwelling Owen's chameleon have three facial horns, two protruding from above the eyes and a third from the nose. Note how this specimen tries to position itself behind the branch, still keeping a wary eye on the camera.

Pages précédentes, à gauche : Les caméléons d'Owen mâles ont trois cornes faciales, deux situées au-dessus des yeux, une troisième sur le nez. Notez la manière dont ce caméléon se cache derrière la branche, tout en gardant un oeil inquiet sur l'objectif.

Previous pages, top: At lightning speed, the flap-necked chameleon strikes an insect with its tongue, which can extend to a distance equal to the length of its body. Although totally harmless, its bite is regarded as deadly by many Gabonese.

Pages précédentes, en haut : En un éclair, ce caméléon commun d'Afrique happe un insecte de sa langue, qu'il peut projeter à une distance équivalente à la longueur de son corps. Bien que les caméléons soient parfaitement inoffensifs, beaucoup de Gabonais considèrent leur morsure comme mortelle.

Previous pages, bottom left: Maran's mud terrapin, newly described by a scientist in 2000, is known from only about a dozen localities. Its recent discovery in Moukalaba-Doudou National Park is the first record from a protected area.

Pages précédentes, en bas à gauche : La tortue palustre de Maran, décrite tout récemment en 2000, n'a été observée qu'en une douzaine d'endroits. Sa récente découverte dans le parc national de Moukalaba-Doudou représente la première mention de l'espèce dans une zone protégée.

Previous pages, bottom right: A connoisseur of other snakes, file snakes are venomless and harmless, yet can overpower and consume even deadly venomous snakes. Five of the 46 snake species recorded from the Gamba Complex were file snakes.

Pages précédentes, en bas à droite : Grands consommateurs de serpents, les serpents-limes n'ont pas de venin et sont inoffensifs, mais peuvent cependant venir à bout et se nourrir de serpents mortellement venimeux. Cinq des 46 espèces de serpents recensées du Complexe de Gamba sont des serpents-limes.

Osteolaemus tetraspis

Thelotornis kirtlandii

Left: A just-hatched African dwarf crocodile. This species is one of the world's smallest crocodiles – adults may reach a maximum of two meters in length. All three African species of crocodiles – the dwarf, slender-snouted, and Nile – were recorded from the Gamba Complex.

À gauche : Juste éclos, ce crocodile nain africain (la plus petite espèce de crocodilien au monde) ne dépassera pas deux mètres de longueur à l'âge adulte. Les trois espèces de crocodiles africaines – le crocodile nain, le crocodile africain à museau étroit et le crocodile du Nil – ont été recensées dans le Complexe de Gamba.

Above: Mimicking a twig, the arboreal Kirtland's vine snake inflates its neck to intimidate attackers. Vine snakes have binocular vision with specially modified pupils to better recognize stationary prey such as chameleons or other lizards.

Ci-dessus : Son corps imitant une brindille, le serpent-liane de Kirtland, arboricole, peut gonfler son cou pour intimider ses adversaires. Les serpents-lianes bénéficient d'une vision binoculaire et ont des pupilles spécialement adaptées pour pouvoir mieux détecter des proies immobiles comme les caméléons ou d'autres lézards.

INLAND WATERS
EAUX INTÉRIEURES

The N'dogo River flows south down the center of the Gamba Complex, drawing rivulets east off the Doudou Mountains and west from a pan of low hills, descending in hairpin meanders past fishing camps and log snags through a shroud of palm and papyrus into the N'dogo Lagoon. The lagoon stretches silver between wide banks of trees, its axis parallel to the coast, its shape bulbous and compound, its edges elaborate as a jigsaw. Jumbles of vegetation heap from its surface in untidy fragments of isle. Navigating its waters is tricky: you must learn irregular contours, signpost trees, cupped coves. Eventually you come to know the reaches of mangroves, how to find bloats of hippos, where Fish Eagles perch, Great White Egrets wade, and kingfishers dart in brilliant turquoise sail. A dugout canoe hums by, hands raised, trailing a ginger-colored wake of sun sparks. It is heading northwest to the coast, where waters reorganize into one narrow neck that gently bows its exit to the ocean.

Watersheds in the Gamba Complex move fresh water to marine in short order. Rain falling east braids down the rocky slopes of the Doudou Mountains in a network of clear conduits contributing a modest arm to the great Nyanga River. The Nyanga basin is the most significant drainage in southwestern Gabon, drawing from as far as the Congolese border and watering the towns of Tchibanga, Moabi,

La rivière N'dogo coule vers le sud depuis le centre du Complexe de Gamba. Elle est grossie, à l'est, par les ruisselets dévalant des monts Doudou et, à l'ouest, par l'eau de ruissellement d'un plateau de collines basses. Elle déroule ses larges méandres, au travers de camps de pêche et de chicots, sous un dais de palmiers et de papyrus, pour s'évaser dans la lagune N'dogo, qui forme une langue d'argent entre de larges rives boisées. Courant parallèlement à la côte, elle est bulbeuse et ramifiée, ses bords découpés comme des pièces de puzzle. Des îlots de verdure inextricable glissent à sa surface, rendant la navigation difficile : il faut apprendre à lire ses berges irrégulières, ses arbres-repères et ses anses profondes. Vous en venez à savoir estimer la portée des palétuviers et à reconnaître les masses bombées des hippopotames, les perchoirs des aigles pêcheurs et les lieux où chassent les grandes aigrettes et où filent les martins-pêcheurs au plumage turquoise électrique. Une pirogue passe en ronronnant, des mains sont agitées. Laissant un sillage gingembre d'étincelles de soleil, elle s'éloigne, longeant la côte vers le nord-ouest, où les eaux s'étrécissent en un goulet légèrement incurvé et rejoignent l'océan.

Les bassins hydrographiques du Complexe de Gamba charrient rapidement leurs eaux vers l'océan. Les pluies tombées à l'est ruissellent des versants rocheux des monts Doudou en un réseau de filets purs, grossissant d'un bras modeste le majestueux fleuve Nyanga. Le bassin de la Nyanga constitue la principale aire de drainage du sud-ouest du Gabon; alimenté d'aussi loin que la frontière du Congo, il arrose les villes de Tchibanga, Moabi et Mourindi. Les pluies tombées plus près de la côte sont collectées dans une multitude de ruisseaux au lit sablonneux et de petites lagunes, temporaires et saisonnières. Les rapports avec l'Atlantique sont dynamiques, vigoureux et rapides : les mares s'enflent et se vidangent

and Mourindi on its way to sea. Rain falling nearer the coast collects in numerous sandy streambeds and small lagoons, temporary and seasonal. Communication with the Atlantic is dynamic, vigorous, quick: pools gather and flush rapidly in a fragile, brackish exchange.

In the center of the Complex, forest-heart drainages start as dappled swamps where leaffish and pythons slip camouflaged and unseen. Small streams carry electric fish, miniature sea horses, and immigrant marine species far inland. Rivers — the M'bari, Rabi, Echira, N'gové — etch the landscape in sinuous corridors, caching terrapins, crocodiles, giant otter shrews, water snakes, manatees.

In the dry season, the tender N'gové floodplain opens refuge to terrestrial wildlife: hundreds of elephants, buffalos, and riparian birds congregate like clouds to feed in still-green clearings. Like the N'dogo at Setté Cama, the N'gové opens to its namesake lagoon before releasing west into the cold Belinga current at Iguéla.

Inland rivers spill through rocky channels, cliffed by 35-meter trees pant-hooting with chimps. In 1807, Governor Lisboa sent an "Ourang-Outang" — a chimpanzee — to the Royal Museum of Portugal, the first Gabonese large mammal specimen, erroneously identified. In 1895, pioneer naturalist Mary Kingsley navigated rivers in Gabon, cataloging some 65 fish species, most new to science. Gabon is still a place for explorers and pioneers.

Des cours d'eau intérieurs coulent dans des couloirs rocheux, bordés d'arbres de 35 mètres de hauteur d'où retentit le vacarme des chimpanzés. En 1807, le gouverneur Lisboa envoya au musée royal du Portugal un « Ourang-Outang » qui n'était autre qu'un chimpanzé, premier spécimen de grand mammifère du Gabon, mal identifié. En 1895, la pionnière naturaliste Mary Kingsley a parcouru les cours d'eau du Gabon et catalogué quelque 65 espèces de poissons, la plupart encore inconnues des scientifiques. Le Gabon demeure un lieu privilégié pour les explorateurs et les pionniers.

rapidement au gré d'échanges fragiles et saumâtres.

Au centre du Complexe, le ruissellement forestier nourrit des marécages miroitants où, camouflés et invisibles, se glissent poissons-feuilles et pythons. Dans des ruisseaux vaseux nagent poissons électriques, hippocampes miniatures et autres espèces marines remontant loin dans les terres. Diverses rivières, M'bari, Rabi, Echira et N'gové, incrustent le relief de corridors sinueux où se cachent tortues aquatiques, crocodiles, potamo-

gales, serpents d'eau et lamantins.

Durant la saison sèche, la plaine d'inondation précaire de la rivière N'gové devient le refuge d'une vaste faune terrestre : des centaines d'éléphants et de buffles et des nuages d'oiseaux riverains s'y rejoignent pour se nourrir dans les clairières encore vertes. Comme la N'dogo à Setté Cama, la N'gové débouche sur la lagune du même nom avant de virer à l'ouest pour se jeter dans le courant frais de Belinga, à Iguéla.

Cascades hide away in the Doudou Mountains, beyond boat access even in the wettest, river-running seasons. More accessible to see, water lilies – in white and blue – float easily in coastal ponds just off the road, on a long tether to the bottom.

Inaccessibles par bateau, même au plus fort de la saison des pluies, des cascades dévalent des monts Doudou. Plus faciles à observer, des nénuphars blancs et bleus, rattachés au fond par leur longue tige, flottent à la surface des étangs côtiers qui bordent le sentier.

A CLOSER LOOK

MANGROVES

Freshwater inlets meet ocean tide in a specialized zone that few plants can tolerate. The pan-tropical red and black mangroves — halophytes — rely on both salt-laden waters and freshwater flushes to survive. Stilted roots rise above silt with small openings called lenticels to exchange carbon dioxide and oxygen for respiration and photosynthesis. The glands of black mangrove leaves excrete excess salt, bearing white crystals on their undersides. Red mangroves filter most salt water at the roots, allowing only minimal absorption.

Red mangroves produce viviparous seeds, meaning they germinate while still on the parent tree. As they germinate, progressively higher concentrations of salt water are released to the seedling, readying it for salinity. When released, the entire seedling floats on water, the root end losing buoyancy and floating vertically for up to a year. When it reaches a favorable shallow locale, root threads are established, securing it to the floor. The stem rapidly grows tall and unfurls its leaves, establishing a new tree.

LA MANGROVE

Peu de plantes tolèrent les conditions spéciales des anses où l'eau douce est envahie d'eau salée à chaque marée. Les mangliers rouge et noir sont des espèces halophiles, ayant besoin pour survivre d'eaux à forte salinité périodiquement rincées par de l'eau douce. Leurs racines, telles des échasses, se dressent au-dessus de la vase; ces racines présentent des lenticelles où se font les échanges de gaz carbonique et d'oxygène nécessaires à la respiration et à la photosynthèse. Le manglier noir évacue le sel excédentaire par des glandes qui s'ouvrent sous ses feuilles, les saupoudrant de petits cristaux blancs. Quant au manglier rouge, il limite au minimum son absorption de sel grâce à ses racines qui en filtrent le plus gros.

Le manglier rouge produit des graines vivipares, ce qui signifie qu'elles germent sur l'arbre géniteur. Durant la germination, la sève transmise aux pousses contient des taux de sel de plus en plus élevés, ce qui les prépare à leur habitat. Une fois tombée de l'arbre, la jeune pousse flotte sur la lagune. Sa racine perd peu à peu sa flottabilité et pend dans l'eau à la verticale jusqu'à une année. Lorsqu'elle touche un haut-fond propice, la racine se ramifie et s'ancre fermement. La tige pousse alors rapidement et déploie ses feuilles… Un nouvel arbre est né!

RAMSAR, the Convention on Wetlands, lists Wetlands of International Importance to bring publicity, funding potential, and an international forum of experts to wetlands conservation. Gabon hosts three RAMSAR sites along its coast: Petit Loango and Setté Cama in the Gamba Complex and Wonga-Wongé south of Libreville.

Ramsar, la Convention relative aux zones humides, catalogue les zones humides d'importance internationale pour mieux les faire connaître, recueillir le financement requis pour leur protection et les faire étudier par des experts en conservation. Le Gabon comprend trois zones visées par Ramsar : Petit Loango et Setté Cama, dans le Complexe de Gamba, et Wonga-Wongé

VEVY LAGOON

Oil industry operations can threaten sensitive habitats as illustrated by the Vevy Lagoon (pictured here and on the previous page), centrally located in Shell Gabon's oil fields. The main petroleum export pipe in the Gamba Complex bisects the Vevy in route to offshore tankers, and the lagoon was once Shell Gabon's dumping ground for excess salt water laced with petroleum by-products. Effects on aquatic life, vegetation, and wildlife were negative.

To respond, Shell Gabon called upon international and national environmental remediation companies to clean pollutants and replant native trees and grasses during the late 1990s. Today, Vevy's water, flora, and fauna are gaining ground. Ecologically the lagoon is one of Shell Gabon's success stories — but success came with a price: seven million dollars. From this experience, Shell learned that the cost of preventing pollution in the first place may be less than clean-up actions afterwards.

To step up preventative measures, better transparency, and environmental regulation, Shell Gabon pursued and gained ISO 14001 certification in 2000, meaning that the company operates according to the highest level of internationally recognized environmental standards in the industry to prevent and reduce environmental impacts. Shell Gabon was the first sub-Saharan oil company to achieve the standard and is one of two operations in Africa that can claim this distinction today.

LA LAGUNE VEVY

Les activités de prospection pétrolière peuvent affecter des habitats vulnérables, comme on l'a observé à la lagune Vevy (ci-contre et sur la page prédécedente), située au coeur des gisements de pétrole de Shell Gabon. Le principal pipeline d'exportation du Complexe de Gamba à destination des pétroliers passe à proximité de cette lagune, que la compagnie a aussi utilisée comme décharge pour ses surplus d'eau salée contenant des dérivés du pétrole. Cette pratique a vite eu de graves impacts sur la vie aquatique, la flore et les animaux de la lagune.

Face à cette situation, vers la fin des années 1990, Shell Gabon a chargé des sociétés nationales et internationales de réparation des dommages environnementaux pour nettoyer la lagune de ses polluants et y replanter des graminées et des arbres indigènes. À l'heure actuelle, l'eau, la flore et la faune de la Vevy regagnent du terrain. Mais ce succès aura coûté cher à Shell Gabon (sept millions de dollars), qui a compris qu'il est plus économique de prévenir la pollution que d'en réparer les dommages.

Pour hâter la mise en place des mesures préventives, améliorer sa transparence et satisfaire aux règlements environnementaux, Shell Gabon a pris des mesures pour atteindre la norme ISO 14001, et a obtenu sa certification en 2000 : ceci signifie que l'entreprise est exploitée dans le respect des normes internationales les plus strictes de l'industrie dans le but de prévenir et d'atténuer ses impacts sur l'environnement. Ce faisant, Shell Gabon est devenue la première pétrolière au sud du Sahara à atteindre la norme ISO et l'une des deux seules en Afrique qui puisse aujourd'hui se targuer de cette distinction.

Left: The Gamba Complex harbors important populations of all three African crocodile species. The dwarf crocodile is the most widely distributed, pictured here after having been studied and released by scientists in Moukalaba-Doudou National Park.

À gauche : Le Complexe de Gamba héberge d'importantes populations des trois espèces de crocodiles présentes en Afrique. La plus répandue de ces espèces est le crocodile nain, photographié dans le parc national de Moukalaba-Doudou après avoir été étudié et relâché par les scientifiques.

Above: A disk of sky reflects from the surface of Lake Divangui in the northern center of the Gamba Complex. The interior of Gabon's deepest lake (80 meters) is shaped like a cone with a one-kilometer surface diameter. The unusual lake has been legendary for generations: an aquatic monster with two heads, known to eat fishermen, is said to inhabit its waters. In fact, scientists discovered an important population of slender-snouted crocodiles; Lake Divangui should remain a conservation priority for Gabon.

Ci-dessus : Le ciel se reflète sur le disque d'un kilomètre de diamètre du lac Divangui, dans le centre nord du Complexe de Gamba. Ce lac au fond conique, dont les eaux s'enfoncent à 80 mètres, est le plus profond du Gabon. Selon une légende ancestrale, il y vivrait un monstre à deux têtes qui dévore les pêcheurs. Chose certaine, les chercheurs y ont découvert une importante colonie de crocodiles à museau étroit. Le lac Divangui devrait demeurer en tête des priorités de conservation du Gabon.

Above: Widely found in Africa – often on the bushmeat market – the African softshell turtle *Trionyx triunguis* occupies big streams, rivers, and lagoons, hiding in sandy bottoms to catch fish or frogs with quick draws of its long neck. The larger of two softshell turtles in Gabon, its head is elongated by a "snorkel," allowing subtle surface breathing without overexposure to predators.

Ci-dessus : Très répandue en Afrique, souvent vendue sur les marchés de viande de brousse, la tortue à carapace molle d'Afrique (*Trionyx triunguis*) habite les grands cours d'eau, les rivières et les lagunes, se dissimulant dans les fonds sablonneux pour happer poissons ou grenouilles en déployant rapidement son long cou. C'est la plus grande des deux tortues à carapace molle que l'on trouve au Gabon. Sa tête se prolonge par un « tuba » qui lui permet de respirer en surface sans se faire voir de ses prédateurs.

Left: Buoyant in a brackish bath, African forest elephants approach a lagoon outlet.

À gauche : Flottant dans l'eau saumâtre, des éléphants de forêt d'Afrique s'approchent du déversoir d'une lagune.

Above: Forming a marshy delta shrouded in palm and papyrus, the N'dogo River feeds the N'dogo Lagoon.

Ci-dessus : Formant un delta marécageux ceinturé de palmiers et de papyrus, la rivière N'dogo se déverse dans la lagune du même nom.

Right: Rivers are magnets for birds in the dry season, when shallows still hold fish and mudflats offer invertebrate grub. A Goliath Heron *Ardea goliath*, truly a giant at 120 to 150 centimeters in length, leaves its mark on a mud bank of Lake Kivaro.

À droite : Durant la saison sèche, les oiseaux sont attirés par les poissons des eaux peu profondes et les invertébrés des vasières. Un héron goliath (*Ardea goliath*), véritable géant de 120 à 150 centimètres, a imprimé son empreinte sur un banc de vase du lac Kivaro.

FISHING

Gamba's location on the N'dogo Lagoon means that artisanal fishing is a mainstay food source for villages and an important livelihood for local residents. Relying on fish stocks reduces pressure to hunt buffalos, bush pigs, monkeys, and other forest species and gives Gamba a luxury protein supply that most interior towns do not have. Careful harvest of the lagoon is needed to ensure that this stock persists.

In 2003, a departmental Fisherman's Association was created to oversee off-take, encourage secure markets, and manage against overfishing. Commercial fishermen must be licenced Gabonese nationals practicing acceptable methods of fishing. For example, nets with small mesh sizes are not allowed because they capture juveniles, jeopardizing reproduction and sustainability.

The Gamba Complex is also known for sport fishing — world-class beach casting, prize tarpon — another draw from aquatic systems that should be monitored if fish populations are to remain viable. The creation of a Sport Fishing Association is laying tenets of angling throughout the Gamba Complex. Efforts to organize communities and plan resource use demonstrate a commitment to sustainability: meeting resource needs today without compromising those of future generations.

Clockwise from bottom left: Villagers paddle from Pombouri (photo by Yvonne Lai); a packed pirogue outboards the N'dogo River downstream towards market; a fisherman casts for bait in Setté Cama; nets dry in Ibouka; preparing a fish dinner in Mpaga; fresh catch reaches the banks of Gamba for sale to restaurants and households.

Dans le sens des aiguilles d'une montre, en partant d'en bas à gauche : des villageois pagaient, en provenance de Pombouri (photo par Yvonne Lai); une pirogue chargée, propulsée par un moteur hors-bord, descend la rivière N'dogo pour se rendre vers les marchés; pêche d'appâts au filet, à Setté Cama; filets mis à sécher, à Ibouka; préparation du dîner à Mpaga; le produit frais de la pêche est débarqué à Gamba pour être vendu aux restaurants et à la population locale.

LA PÊCHE

Comme Gamba s'élève au bord de la lagune N'dogo, il va de soi que ses habitants tirent de la pêche artisanale une importante source d'alimentation et un précieux gagne-pain. La présence de ces stocks de poissons, source de protéines additionnelles que n'ont pas la plupart des villes de l'intérieur, atténue le besoin de chasser le buffle, le potamochère, les singes et les autres espèces forestières. Seule une gestion avisée de la lagune permettra d'assurer la persistance de ce stock.

En 2003, une association départementale de pêcheurs a été créée pour superviser les prises, favoriser l'établissement de marchés solides et contrôler la pêche excessive. Les pêcheurs commerciaux doivent être de nationalité gabonaise, détenir un permis et pratiquer des méthodes de pêche acceptables. Ainsi, les filets à petites mailles sont interdits parce qu'ils capturent des espèces juvéniles, compromettant la reproduction et la viabilité des populations.

Le Complexe de Gamba est aussi reconnu pour sa pêche sportive (pêche au lancer à partir de la plage, tarpons de taille notable). Cette autre exploitation des systèmes aquatiques se doit d'être surveillée pour assurer que les populations de poisson restent adéquates pour l'écotourisme. Les premiers éléments d'une association de la pêche sportive sont en place en vue de réglementer la pêche à la ligne dans tout le Complexe de Gamba. Les efforts entrepris pour organiser les communautés et planifier l'utilisation des ressources démontrent un engagement vers le développement durable: répondre aux besoins actuels sans compromettre les ressources des générations futures.

Ponds and marshes occur regularly throughout the Gamba landscape. Some serve as territorial wallows for hippos such as the male above, who erupts through the water to display his dominance.

Le territoire du Complexe de Gamba est parsemé d'étangs et de marécages. Certains sont les habitats de prédilection des hippopotames, comme le mâle ci-dessus qui jaillit à la surface pour affirmer sa domination.

The Echira River births in the central lowland forest of the Gamba Complex, snaking a broad boulevard that deadends into the N'gové River along the eastern border of Loango National Park.

La rivière Echira prend sa source dans la forêt centrale des terres basses du Complexe de Gamba, creusant un large boulevard sinueux qui se termine dans la rivière N'gové le long de la limite est du parc national de Loango.

The edges of the N'dogo Lagoon turn to chest-deep swamp, full of leeches and boot-sucking mud. Accessing the forest from the lagoon is difficult, discouraging hunting or logging on the south-western edge of Moukalaba-Doudou National Park because of sheer logistics.

Les rives de la lagune N'dogo s'estompent en un marais inhos-pitalier aux vases profondes, roy-aume des sangsues. Les difficultés d'accès à la forêt depuis la lagune suffisent à dissuader quiconque de chasser ou de couper du bois sur la frontière sud-ouest du parc national de Moukalaba-Doudou.

On a windless morning, low clouds reflect in the N'dogo Lagoon near Setté Cama, not far from its opening to the Atlantic Ocean.

Par un matin calme, un cortège de nuages bas se reflète sur la lagune N'dogo, près de Setté Cama, au voisinage du point où elle débouche sur l'océan Atlantique.

Pristine forests flank the fast-moving waters of an unnamed stream in the Doudou Mountains. Difficult terrain saved this section of forest from ever being logged.

Des forêts intactes bordent les eaux rapides d'un ruisseau sans nom dans les monts Doudou. Le terrain accidenté dans cette zone a protégé la forêt de toute exploitation.

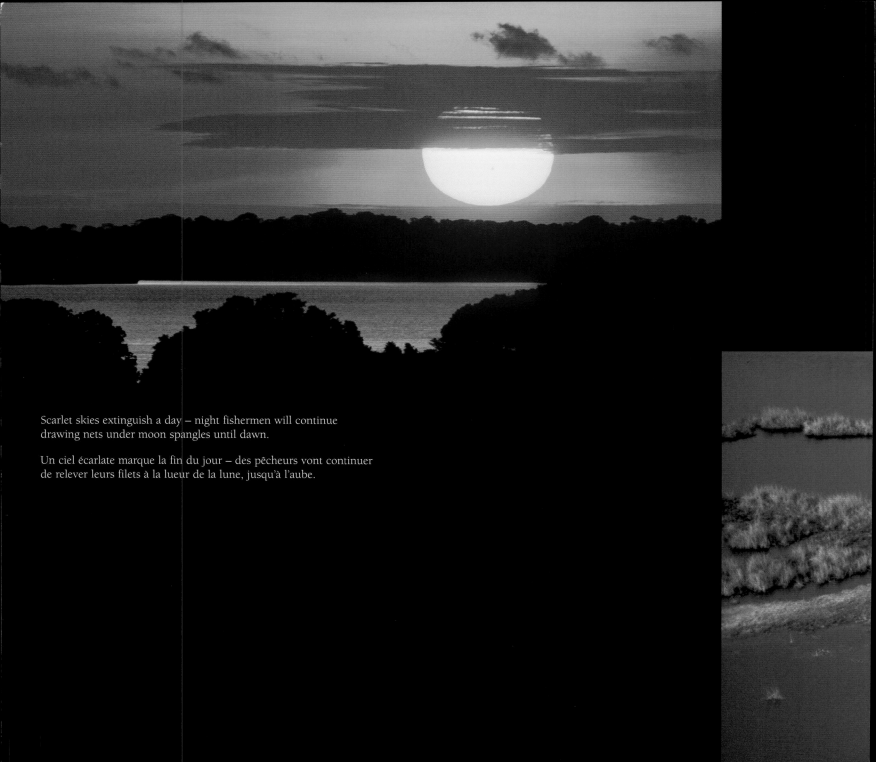

Scarlet skies extinguish a day – night fishermen will continue
drawing nets under moon spangles until dawn.

Un ciel écarlate marque la fin du jour – des pêcheurs vont continuer
de relever leurs filets à la lueur de la lune, jusqu'à l'aube.

African forest buffalo walk on water in Iguéla, grazing floodlands on a lip of earth.

Paissant sur une langue de terre, des buffles de forêt semblent marcher sur l'eau dans des terrains inondés à Iguéla.

A glitter of wings, Cattle Egrets *Bubulcus ibis* escort a sole giant neck-high in emerald swamps on the N'gové River, Loango National Park, in the rainy season. Dry season months of June through August drain the wetland considerably, but hold enough moisture to sustain dense congregations of wildlife.

Dans un miroitement d'ailes blanches, des hérons garde-boeufs (*Bubulcus ibis*) escortent un géant immergé jusqu'au cou dans les marais émeraude de la rivière N'gové, dans le parc national de Loango, en saison des pluies. De juin à août, durant la saison sèche, les terres humides s'assèchent beaucoup, mais retiennent assez d'eau pour assurer la survie de denses concentrations d'animaux sauvages.

Aphyosemion australe

The lyretail killi, from the family Cyprinodontidae, or egg laying tooth-carps, spawn in bushy plants along riverbanks. Unlike most fish which "spawn out," australes lay one or two eggs at a time – a young fertile pair may lay 20 eggs a day. Measuring only six centimeters in length, this diminutive fish is a typical size of many found in the biodiversity survey, with "prize catches" examined by microscope.

Le killi à queue en forme de lyre, de la famille des cyprinodontés, fraye dans les plantes poussant près de la berge. Contrairement à la plupart des poissons qui pondent tous leurs œufs en même temps, les femelles d'*A. australe* n'en pondent qu'un ou deux à la fois; un jeune couple fertile ne pondra au plus que vingt oeufs par jour. Longs de six centimètres en tout, ces poissons sont d'une taille comparable à celles de la plupart des espèces recensées lors des études de biodiversité. Pour les scientifiques spécialistes de poissons, les prises les plus recherchées s'examinent bien souvent au microscope.

FISH

Local towns and villages depend on fish as an important source of protein and livelihood in Gamba, making it all the more important to complete inventories and conduct baseline studies of aquatic systems — swamps, lagoons, streams, and rivers. Aquatic systems are lifelines in the landscape, maintaining ecosystem processes of nutrient flows, food chains, and hydrologic cycles. These processes can be compromised through overfishing, erosion, pollution, and changes in drainages caused by road building and other construction. Studies of the Complex's aquatic systems seek to compile a more comprehensive species list and investigate impacts from development of oil and other resources on waters and aquatic life.

The Rabi oil field lies in the headwater streambed of the Rabi River, and habitat modification — permanently inundated swamps and ditches created by the construction of roads and oil production platforms — is the greatest industry effect on aquatic systems. The Rabi field yielded a surprising number of fish species — 69 in all, compared to an expected 40 to 50 based on similar studies elsewhere. Three marine species were recorded, despite the 40-kilometer distance from saltwater environments. Seven species of electric fish of the family Mormyridae, which frequent good-quality waters and produce unique, weak electric signals to orient and communicate, were recorded at Rabi, three of them new to science. The rare carnivorous leaffish *Polycentropsis abbreviata* was discovered in the calm waters of a swampy forest zone where, camouflaged as a leaf, it stalks its prey.

The Gamba area, including the N'dogo Lagoon, rivulets, seasonal lagoons, and swamps, produced 84 fish species through a variety of search methods. Long nets left in large water bodies, hand nets in small streams, fish traps, and hook and line were used to seek fish of different habitats and life strategies. The inner edge of the lagoon, completely freshwater, held mixed groups of fresh and saltwater fish; its mouth ran with mostly marine species. Unlike Rabi, oil production sites in the Gamba area showed signs of pollution and negatively impacted fish communities — reason to monitor water communities and their health.

LES POISSONS

Pour les villages de Gamba, la pêche est une source vitale de protéines et de revenus, ce qui accentue l'importance d'y compléter les inventaires des systèmes aquatiques (marécages, lagunes, ruisseaux et rivières) et d'y mener des études de base. Ces systèmes constituent les cordons ombilicaux du territoire, en y maintenant la circulation des substances nutritives, les chaînes alimentaires et les cycles hydrologiques. Ces trois processus peuvent être affectés à divers degrés par la pêche excessive, l'érosion, la pollution et les changements de drainage causés par les nouvelles routes et d'autres aménagements. Les études sur les systèmes aquatiques du Complexe ont pour objet de dresser une liste plus complète des espèces, ainsi que d'évaluer les impacts de l'exploitation du pétrole et des autres ressources sur les eaux et leurs habitants.

Le champ pétrolifère de Rabi s'étend sous le lit des ruisseaux qui forment le cours supérieur de la rivière Rabi. La modification de cet habitat (marécages inondés en permanence et fossés creusés pour la construction de routes et de plates-formes de forage) est le principal impact de l'industrie sur les systèmes aquatiques à Rabi. Le champ de Rabi a révélé la présence d'un nombre étonnant d'espèces de poissons (69 en tout), en comparaison avec les 40 à 50 espèces relevées ailleurs par des études similaires. Trois espèces marines ont été retrouvées, à une distance pourtant considérable de 40 kilomètres de l'eau salée. Sept espèces de poissons électriques de la famille des mormyridés, qui aiment les eaux de qualité et produisent de faibles signaux électriques pour s'orienter et communiquer, ont été signalées à Rabi, dont trois inconnues jusqu'alors. Le rare poisson-feuille carnivore *Polycentropsis abbreviata* a été observé dans les eaux calmes d'une zone forestière marécageuse où il guette ses proies camouflé en feuille.

Dans la zone de Gamba, qui comprend la lagune N'dogo, les petits cours d'eau, les lagunes saisonnières et les marécages, diverses méthodes de recherche ont permis de reconnaître 84 espèces de poissons. Longs filets pour les grands plans d'eau, épuisettes pour les petits ruisseaux, nasses, lignes et hameçons ont permis de recueillir des poissons de divers habitats et aux diverses stratégies. À la lisière intérieure de la lagune, entièrement composée d'eau douce, poissons d'eau douce et d'eau salée se côtoient; à son embouchure, on trouve presque exclusivement des espèces marines. À la différence de Rabi, les sites pétrolifères de la région de Gamba ont affiché des signes de pollution et eu des impacts négatifs sur les communautés de poisson, ce qui justifie une surveillance accrue des communautés aquatiques et de leur état de santé.

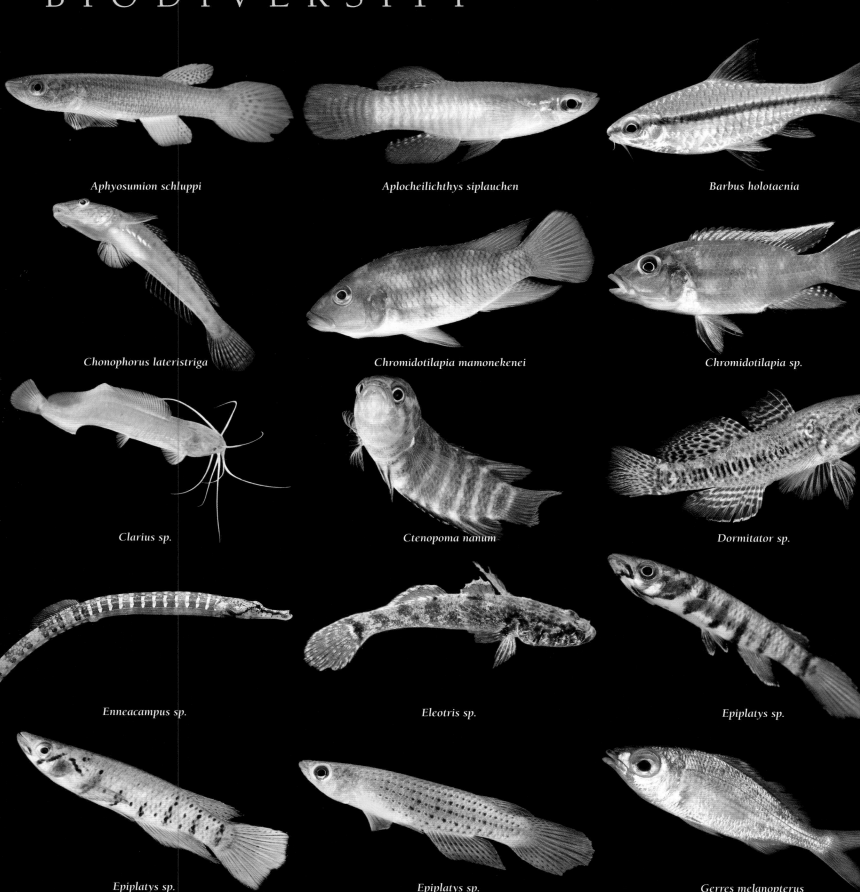

Aphyosumion schluppi

Aplocheilichthys siplauchen

Barbus holotaenia

Chonophorus lateristriga

Chromidotilapia mamonekenei

Chromidotilapia sp.

Clarius sp.

Ctenopoma nanum

Dormitator sp.

Enneacampus sp.

Eleotris sp.

Epiplatys sp.

Epiplatys sp.

Epiplatys sp.

Gerres melanopterus

Hemichromis fasciatus

Hepsetus odoe

Ischthys henrii

Lutjanus goreensis

Malapterus electricus

Marcusenius moorii

Mastacembelus sp.

Monodactylus sebae

Mormyrids sp.

Nannocharax sp.

Neolebias ansorgii

Pelvicachromis sp.

Pelvicachromis subocellatus

Polycentropsis sp.

Tilapia guineensis

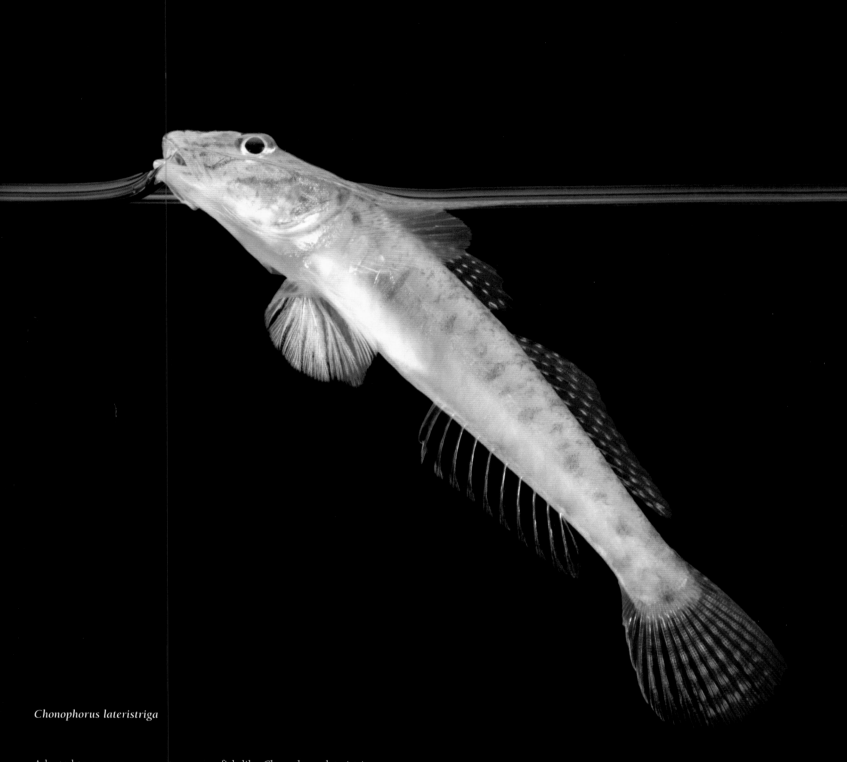

Chonophorus lateristriga

Adapted to oxygen-poor waters, some fish like *Chonophorus lateristriga* can
swallow a breath of air from the surface. In terms of fish distribution, Gabon
belongs to the Lower Guinea region, covering coastal rivers of Cameroon and
Gabon to the mouth of the Congo River. The region is the second richest in
endemic species (species unique to the area) after the Congo River basin; of the
333 species recorded, 185 are endemic.

Adaptés aux eaux pauvres en oxygène, certains poissons comme le *Chonophorus
lateristriga* peuvent venir happer des bouffées d'air à la surface. D'un point de vue
ichtyogéographique, le Gabon appartient à la province basse-guinéene qui couvre
les rivières côtières du Cameroun et du Gabon jusqu'à l'embouchure du fleuve
Congo. Cette région est la deuxième de cette province, après le bassin du fleuve
Congo, pour le nombre de ses espèces endémiques (uniques au secteur où elles
vivent). Des 333 espèces répertoriées, 185 sont endémiques.

Clarius sp.

Named for their whisker-like barbels, catfish are able to feel their way to prey as they bottom-feed in murky waters.

Les poissons-chats, qui tirent leur nom de leurs appendices en forme de moustache, sont parfaitement capables de s'orienter dans les eaux les plus troubles à la recherche de leurs proies.

VEGETATION

Upland dry forest, lowland wet forest, secondary and primary forest, savanna, coastal scrub, mangroves: biodiversity includes the variety of habitat types across a landscape. Even seemingly solid-cover rainforest like that in the Gamba Complex has distinctions — thick and thin, slopes and valleys, wet and dry areas. The Complex's wide range of habitat types and plant communities provides a structure and food base for all levels of wildlife, from fruit-eating birds to the leopards that stalk them. Such high habitat diversity leads to a varied resource base for different animals, strongly influencing wildlife populations.

Vegetation research in the Complex centers on 75 study plots established in different habitat types. Through inventories, botanists are constructing a baseline for vegetation monitoring over time to better understand vegetative community structure and composition and to address impacts on the forest. They are also collecting botanical specimens for reference collections for herbaria. More than 7,000 individual trees and plants have been measured and recorded in the plots.

In the Rabi oil field, canopy height reaches 40 meters and lianas are abundant, indicating a mature and dynamic forest in process of continual change. Forests in Loango National Park along the coast are much less diverse than inland forests, with a more uniform species composition from the edge up to eight kilometers inland. Highlands in the Monts Doudou range are known for species unique to Gabon.

As oil fields begin to play out, there is concern that pressure for unsustainable logging will increase, along with clearing of forest for agriculture. Forest fragmentation caused by roads and other developments also poses threats to intact, mature rainforests. Minimizing the effects of such forest conversion on the structure and composition of vegetation communities will, in turn, help conserve the Complex's wildlife.

LA VÉGÉTATION

Forêts sèches des hautes terres, forêts humides des basses terres, forêts vierges et secondaires, savanes, broussailles littorales, mangroves : la biodiversité intègre aussi les différents types d'habitats d'un territoire. Même une forêt tropicale humide comme celle du Complexe de Gamba, d'apparence uniforme, se subdivise en différents types : épaisse et clairsemée, versants et fonds de vallées, zones sèches et zones humides. Le large éventail d'habitats et de communautés végétales du Complexe constitue la structure et la base alimentaire de tous les types de vie animale et végétale, des oiseaux frugivores aux léopards qui les chassent. Une telle diversité d'habitats offre une large base de ressources à différents organismes, ce qui a une forte influence sur la diversité de faune.

Les recherches sur la flore du Complexe sont menées dans 75 parcelles-échantillons circonscrites dans différents habitats. Au moyen d'inventaires, les botanistes établissent des données de base sur la végétation afin de surveiller sur le long terme la structure et la composition de la flore et d'identifier les impacts sur la forêt. Ils recueillent aussi des spécimens botaniques pour les collections de références pour les herbiers. Plus de 7 000 arbres et plantes ont été mesurés et relevés dans ces parcelles.

Dans le champ pétrolifère de Rabi, une canopée de 40 mètres et des lianes abondantes témoignent de la maturité et du dynamisme d'une forêt en train de changer continuellement. Les forêts côtières du parc national de Loango sont beaucoup moins diversifiées que celles de l'intérieur, avec une composition d'espèces plus uniforme depuis la côte jusqu'à huit kilomètres dans les terres. La chaîne des monts Doudou présente des espèces qu'on ne trouve qu'au Gabon.

Avec l'épuisement graduel des gisements de pétrole, on redoute une explosion des coupes incontrôlées de la forêt et du déboisement à des fins agricoles. La fragmentation des forêts causée par la construction de routes et d'autres infrastructures pose également des menaces aux forêts vierges adultes. L'atténuation des impacts de ce type de conversion des forêts sur la structure et la composition de la flore contribuera, à son tour, à conserver la faune du Complexe.

With no hard barriers to the rest of the Congo Basin, Gabon's physical geography, botanic cover, and animal distribution is contiguous to the ecological fabric of central Africa.

En raison de l'absence de barrière physique séparant le pays du reste du bassin du Congo, la géographie physique, le couvert botanique et la répartition faunique du Gabon sont le prolongement du tissu écologique d'Afrique centrale.

RAINFOREST
LA FORÊT TROPICALE HUMIDE

S unlight washes across treetops, emerging from a contour of clouds: leaf strata capture its radiance, transform it to life, and filter down diffuse twilight to thinly vegetated ground. Inside, dimness sharpens attention, sound, smell, concentration. Leaf shapes — at first just a tangle of trees — eventually differentiate. Greens fall apart. Trunks disband and features stand out: buttresses belong to ceiba, combustible resins to okoumé, elongated scales to padouk. Barks reek of onion-spice-clay. Winds articulate. Fruits knob the ground, chewed on and left to become dirt, mixing death and regeneration. Decomposition means re-creation and these forests are dynamic works. Structured and complex, vast, eternally breaking and building, patient, factual, they are built by the interactions of uncountable entities working at immeasurable scales of space and time.

Gabon's forest is part of the Guineo-Congolian rainforest of the Congo Basin, second only in size to the Amazon Basin. The forest ecosystem crosses political boundaries of Cameroon, Central African Republic, Republic of Congo, Democratic Republic of Congo, Equatorial Guinea, and Gabon. Population pressures, political instability, logging, illegal hunting, shifting agriculture, and industry are among the daily and unpredictable threats to forest biodiversity in the region.

About three-fourths of Gabons surface is covered in forest. Politically stable and lightly populated, Gabon faces fewer forest stresses than its neighbors — giving promise — but its old forests could

Le soleil brille sur les cimes qui émergent d'une strate de nuages : les feuilles captent son rayonnement et le transforment en fluide vital, ne laissant filtrer qu'un crépuscule diffus au niveau du sol faiblement végétalisé. L'ombrage aiguise l'attention, l'ouïe, l'odorat, la concentration. Les formes des feuilles, d'abord confondues au fouillis des arbres, se différencient. Les verts se subdivisent. Les troncs émergent et leurs caractères s'affichent : les renflements appartiennent au fromagier, les résines combustibles à l'okoumé, les écailles allongées au padouk. Les écorces dégagent un remugle d'oignons, d'épices et de vase. Les vents s'articulent. Les fruits qui jonchent le sol, rongés et abandonnés, se muent en terreau, associant mort et régénération. La pourriture est synonyme de recréation, et la forêt est une œuvre dynamique. Structurée et complexe, vaste, alternant constamment entre effondrement et jaillissement, patiente, inéluctable, elle est le fruit des interactions d'innombrables entités oeuvrant à d'incommensurables échelles de temps et d'espace.

La forêt du Gabon fait partie de la forêt tropicale humide du bassin du Congo, le deuxième bassin de forêt en étendue après celui de l'Amazone. L'écosystème forestier chevauche les frontières politiques du Cameroun, de la République centrafricaine, de la République du Congo, de la République démocratique du Congo, de la Guinée équatoriale et du Gabon. La pression démographique, l'instabilité politique, l'exploitation, la chasse illégale, l'agriculture itinérante et

still fall to axe and snare. Illegal logging and hunting, undefined or unenforced zoning, and poor land management are common threats to Gabonese forests and the biological richness within.

Standing in the forest bowers, silent, with lichen-crusted giants rising in hectares all around, the forest reminds you. Forest fruits split open in yellow-green balls on the ground. Delicate, white mushrooms sprout from old dung piles washed out by rain. Further down the trail, mud-stained trees record the heights of elephant backs that have stopped there to scratch. Great Blue Turacos pump swooshes of air, and back and forth cry a pair of Pale-breasted Illadopsis, hidden. Insects call excruciatingly, in rattles of snare and clips of wing, from everywhere at once. There is nothing you could notice twice. Up top the sky shatters in diamonds of light trying to enter this world. The coverage reminds you of the significance of this biome and its wild, complete refuge over Gabon. It reminds you of the enormous, precious rarity of the forest's state and extent, and how precipitously, in fact, it could fall, should we not pay more attention.

Previous pages: Lowest of three mountain spines in the country, the Monts Doudou (just over 800 meters; shown here at 450 meters in clouds) is central to Moukalaba-Doudou National Park in the Gamba Complex.

Pages précédentes : Culminant à environ 800 mètres, les monts Doudou, la plus basse des trois chaînes montagneuses du pays, dont la cime est ici cachée par les nuages plafonnant à 450 mètres, sont au coeur du parc national de Moukalaba-Doudou, dans le Complexe de Gamba.

A parasitic flower *Thonningia sanguinea* with potential medicinal qualities lives on the roots of trees and shrubs, adding buttons of color to the forest floor. Plant diversity was considerably higher in rainforest than other habitat types in the Gamba Complex.

Cette plante (*Thonningia sanguinea*), qui pourrait posséder des propriétés médicinales, parasite les racines des arbres et des arbustes, ornant le sol de la forêt de boutons de couleur. La forêt tropicale humide abrite une bien plus grande diversité de plantes que tout autre type d'habitat dans le Complexe de Gamba.

l'industrie s'y conjuguent au quotidien pour menacer l'intégrité écologique de maintes façons imprévisibles dans la région.

Au Gabon, la forêt couvre quelque trois-quarts du territoire. Grâce à sa stabilité politique et à sa faible population, le Gabon éprouve moins de stress que les pays voisins, ce qui est prometteur. Ceci dit, cette vénérable forêt demeure vulnérable : les coupes illégales et le braconnage, le zonage inexistant ou incontrôlé et une mauvaise gestion du territoire sont autant de risques familiers pour la forêt gabonaise et la richesse biologique qu'elle abrite.

Réduit au silence dans ce berceau de verdure, cerné d'hectares de géants incrustés de lichens, vous voilà ramené sur terre par la forêt. Les fruits de forêt répandent sur le sol leurs sphères vert-jaune. De délicats champignons blancs émergent de vieux tas d'excréments lavés par la pluie. Plus loin sur le sentier, des troncs maculés de boue témoignent de la taille des éléphants qui s'y sont frottés. Des touracos géants pompent d'amples goulées d'air et deux akalat à poitrine blanche, cachés, se donnent la réplique. À la limite du tolérable, les insectes émettent d'incessants roulements de caisse claire et de cliquètements, partout en même temps. Il n'est rien ici qu'on puisse observer deux fois. Tout en haut, le ciel diffracte en diamants la lumière qui s'efforce de pénétrer ce monde. La canopée vous rappelle la valeur de ce biome et du refuge intégral qu'il offre à la nature sauvage du Gabon. Elle vous rappelle l'incommensurable rareté de ce vaste domaine forestier, et le risque très réel qu'il s'évanouisse abruptement, si nous n'y prenons garde dès maintenant.

Forests are veined in streams, lifeblood of nutrient cycles and trophic webs where predators like monitor lizards can count on finding a meal. Monitor lizards are a common sight in the Gamba Complex; governmental legislation helps protect this reptile from hunting.

Les forêts sont parcourues d'un réseau de ruisseaux, véritables vaisseaux sanguins des réseaux trophiques, dans lesquels des prédateurs comme le varan sont assurés de trouver de quoi se mettre sous la dent. Le varan est assez commun dans le Complexe de Gamba; la réglementation mise en place par le gouvernement contribue à la protection de ce reptile.

Beneath a canopy closed to direct sunlight, the forest floor is often open. Large lianas spiral down from treetops, their woody masses thicker than small trees – evidence of a dynamic forest.

Sous la canopée qui obstrue la lumière directe du soleil, le sol de la forêt est souvent dégagé. Signes d'un milieu forestier dynamique, d'épaisses lianes spiralées de la taille de petits arbres pendent depuis la cime des géants.

LOGGING

With some 77-percent tree cover, Gabon's forest reserves are among Africa's vastest. Logging has occurred in several cycles in certain parts of the country, yet has not been harvested as heavily as in other countries due to a strong economic base from oil revenues. While these forests stand remarkably intact today, logging is expanding to new areas rapidly, and increased harvest will likely be promoted as oil reserves decline in coming years.

The country produces 2.5 million cubic meters of wood per year from trees like okoumé, odzigo, kevazingo, padouk, iroko, izombé, mouvengui, paorossa, moabi, doucka, agba, and olom. While operations used to seek out only a few key tree species, today's harvest list has expanded to include about 50. Gabon's timber goes to Asia (60 percent), Europe (27 percent), North Africa (6 percent), the Middle East (4 percent), North America (1 percent), and locally in Gabon (2 percent).

Bound for Hong Kong from Port Gentil, some 60 percent of Gabon's wood exports reach Asia.

De Port-Gentil à Hong Kong, près de 60 p. cent des exportations de bois du Gabon se font vers l'Asie.

LA COUPE DU BOIS

Les territoires forestières qui couvrent quelque 77 p. cent du Gabon sont au nombre des plus vastes d'Afrique. Si plusieurs cycles d'exploitation ont eu lieu dans certaines zones du pays, une économie solide basée sur la production pétrolière y a permis d'éviter la coupe à outrance observée ailleurs en Afrique. Cette forêt remarquablement intacte est rapidement grugée dans divers secteurs; les prochaines années pourraient voir une explosion de l'exploitation forestière liée au déclin des réserves de pétrole.

Le pays produit chaque année 2,5 millions de m³ de bois de diverses essences : okoumé, odzigo, kevazingo, padouk, iroko, izombé, mouvengui, paorossa, moabi, doucka, agba et olom. Jadis limitée à quelques espèces importantes, la liste des essences coupées de nos jours atteint la cinquantaine. Le Gabon exporte son bois en Asie (60 p. cent), en Europe (27 p. cent), en Afrique du Nord (6 p. cent), au Moyen-Orient (4 p. cent) et en Amérique du Nord (1 p. cent). Deux p. cent du bois produit est vendu localement.

Arboreal ridges fan the horizon, rich textures hinting the intricacies within.

Des crêtes arborescentes profilent l'horizon, riches textures laissant deviner

From within, leaves sort out to a thousand hues, lush and layered in a Rabi wetland.

Au coeur d'une zone humide de Rabi, la diversité des feuilles offre un riche camaïeu de mille teintes.

Camera traps illumine elusive creatures in the rainforest. A young sitatunga crosses a shallow stream in Rabi. Black Guineafowl *Agelastes niger* move in large flocks across the forest floor. A seldom-seen golden cat *Felis aurata*, solitary by nature, scours a forest trail in the middle of the night in the Monts Doudou. Smaller than leopards, golden cats prey on birds and small ungulates.

Les éclairs d'appareils photos à déclenchement automatique éclairent les créatures furtives de la forêt tropicale humide. Un jeune sitatunga traverse un cours d'eau peu profond à Rabi. Des pintades noires (*Agelastes niger*) traversent la forêt en grandes troupes. Le chat doré (*Felis aurata*), créature solitaire rarement observée, suit une piste en pleine nuit dans les monts Doudou; plus petit que le léopard, ce félin se nourrit d'oiseaux et de petits ongulés.

With annual rainfall averaging 2,500 millimeters, intense showers, which can continue for days, quickly fill ponds and low areas that have gone dry during the rainless summer months.

Les précipitations annuelles moyennes atteignent 2 500 millimètres. À la faveur de violentes averses qui peuvent durer plusieurs jours, les étangs et les dépressions asséchés durant l'été sont vite remplis.

Camouflage caches a mantis in its leafy surroundings, helping it prey and
avoid predation. Bark details on a buttressed tree offer patterns of camouflage
to other specially adapted creatures.

Une mante se dissimule par mimétisme dans le feuillage qui l'entoure, afin
de capturer des proies sans se faire prendre. L'écorce d'un arbre à contreforts
présente des détails qui favorisent le camouflage de diverses créatures.

AFRICAN FOREST ELEPHANT

In the complex interactions among rainforest plants and animals in central Africa, elephants are key to the survival of many species and possibly to the forest itself. These powerful animals play a critical role in forest regeneration as they alone are large enough to crack open big, thickly husked fruits and digest and pass the hard pits, leaving deposits in rich dung piles for germination.

Evidence suggests that elephants are responsible for replanting 30 to 40 percent of tree species in central and west African rainforests. Removal of the keystone elephant through illegal hunting and habitat destruction could irrevocably change rainforest composition, jeopardizing habitat for countless wildlife species.

LES ÉLÉPHANTS DE LA FORÊT D'AFRIQUE

Dans les interactions complexes entre la flore et la faune de la forêt tropicale humide en Afrique centrale, les éléphants pourraient bien être la clé de la survie de plusieurs espèces, et peut-être de la forêt elle-même. Ces mastodontes font beaucoup pour assurer la régénération de la forêt; eux seuls en effet sont capables de casser les écales épaisses des gros fruits dont ils sont friands, en rejetant les graines dans le terreau fertile de leurs excréments.

Des recherches ont suggéré que les éléphants sont responsables de la repousse de 30 à 40 p. cent des espèces d'arbres des jungles d'Afrique centrale et occidentale. Si la chasse et la destruction de leur habitat devait entraîner la disparition des éléphants, la composition des forêts pourrait changer irrévocablement, et d'une manière qui les rendraient inhabitables pour nombre d'autres espèces sauvages.

Elephants tend to frequent "boulevards" blazed through the bush into trodden trails. Effective seed dispersers, their scat sprouts new life, potentially transported from many miles away. Left photo by Major Boddicker.

Les éléphants tendent à emprunter des « boulevards », larges sentiers battus tracés dans la brousse. Au cours de leurs déplacements, ils disséminent des graines, sources de nouvelle vie, parfois à des

Shrouded in tropical mist, the moist forest floor teems with plant life.

Enveloppé d'un brouillard tropical, le sol humide de la forêt est riche en végétation.

King of the night and top predator of the rainforest, a male leopard *Panthera pardus* stalks the M'bari trail in the Rabi oil field. Forest antelopes, red river hogs, and monkeys are commonly taken, but if large game is scarce, smaller prey – rodents, birds, and even arthropods – serve.

Roi de la nuit et principal prédateur de la forêt tropicale humide, un léopard mâle (*Panthera pardus*) chasse sur la piste de M'bari dans le champ pétrolifère de Rabi. L'antilope de forêt, le potamochère et les singes sont des proies communes; toutefois, lorsque le grand gibier se fait rare, le léopard se contente de proies plus modestes : rongeurs, oiseaux et même arthropodes.

The interlocked forest canopy hosts a wide variety of plant and animal life. Monkeys, like the red-capped mangabey *Cercocebus torquatus*, forage on seasonally abundant fruits and gracefully glide between branches.

Le couvert enchevêtré de la forêt abrite une grande variété de plantes et d'animaux. Les singes, comme ce cercocèbe à collier blanc (*Cercocebus torquatus*), se nourrissent le plus souvent de fruits saisonniers et se déplacent avec agilité de branche en branche.

BUSHMEAT

Bushmeat — duiker, buffalo, python, monkey, crocodile — is traditional fare in Gabon, where in some parts subsistence hunting is as necessary today as in times past. But modern commercial hunting for export and profit inflates traditional culling to magnitudes that can threaten natural animal populations. Forest dishes move out of the bush to become standards in local restaurants and delicacies in urban centers and beyond.

Wildlife is also sought for ivory, pelt, hide, medicine, trophy, pet, and plant markets. Gabonese law recognizes fully protected species, including hippopotamus, leopard, and gorilla; partially protected species, including buffalo and blue duiker; and unprotected species, including porcupine, all fish, and doves. However, enforcing legislation is not easy — Gabon's Wildlife Department reports increases in illegal hunting and poaching over the past decade, despite stepped up efforts by government and other organizations.

Gabon is a member of CITES, the Convention on the International Trade of Endangered Species of Flora and Fauna, a trade agreement restricting illegal import and export of listed species. Participating in international conventions can help attain global cooperation for the conservation of biodiversity, to match local efforts at curbing the bushmeat trade.

Parts of Gabon like the Gamba Complex are last sanctuaries for animals that are globally very scarce. Illegal hunting and poaching threaten wildlife by reducing numbers, even of protected species. Some species are legal to take within limit or season; others, like chimps and leopards, are not. Temporary hunting camps spring up discreetly, even in national parks where they are outlawed (top left). Leopard pelts, chimp heads, parrots, and ape hands on display for buyers at a Libreville market (clockwise from top right).

LA VIANDE DE BROUSSE

Comme de toute éternité, la viande d'animaux sauvages (céphalophe, buffle, python, singe ou crocodile) est un apport alimentaire quotidien de l'alimentation de subsistance dans certaines régions du Gabon. Mais la chasse commerciale moderne pour l'exportation et le profit aggrave la ponction traditionnelle jusqu'à menacer les populations animales naturelles. Les plats de gibier exotique sortent de la jungle pour figurer au menu quotidien des cantines locales et à la carte des restos huppés des grandes villes du pays et du monde entier.

La nature se voit également disputée entre les marchés de l'ivoire, de la fourrure, du cuir, des médicaments, des trophées, des animaux de compagnie et des plantes ornementales. Certaines espèces, notamment l'hippopotame, le léopard et le gorille, sont entièrement protégées par la loi gabonaise; d'autres, comme le buffle et le céphalophe bleu, le sont en partie; d'autres enfin, porcs-épics, poissons de toutes espèces et pigeons, ne bénéficient d'aucune protection. Ceci dit, assurer le respect de ces lois n'a rien d'une sinécure : la Direction de la Faune et de la Chasse gabonaise rapporte que les activités de chasse illégale et de braconnage ont augmenté au cours de la dernière décennie, malgré les efforts de protection accrus déployés par le gouvernement et d'autres organisations.

Le Gabon est membre de la Convention sur le commerce international des espèces de faune et de flore sauvages menacées d'extinction (CITES), un accord commercial visant à faire cesser l'importation et l'exportation en fraude d'espèces menacées. La participation à ce type d'accords internationaux ne peut que favoriser la coopération planétaire dans le dossier de la conservation de la biodiversité. Ceci dit, il s'agit d'un combat qui doit d'abord être amorcé localement.

Certains secteurs du Gabon comme le Complexe de Gamba sont les derniers sanctuaires d'animaux devenus rarissimes sur la planète. La faune est menacée par la chasse illégale et le braconnage. Selon les saisons, il est permis de prendre certaines espèces en respectant des limites de capture. La chasse d'autres espèces, comme les chimpanzés et les léopards, est interdite. Des camps de chasse temporaires sont discrètement établis, même dans les parcs nationaux où ils sont interdits (en haut à gauche). Une peau de léopard, une tête de chimpanzé, un perroquet et une main de grande singe sont proposés aux acheteurs dans un marché de Libreville (dans le sens des aiguilles d'une montre, en partant d'en haut à droite).

Leptopelis notatus

The common forest tree frog clambers vertically up trunks with its "sticky" finger pads – reason for its use in magical rites to grant a goalkeeper better catches.

La grenouille arboricole commune peut escalader des troncs verticaux grâce aux disques «collants» de ses doigts. Cette propriété lui vaut d'être utilisée dans certains rituels magiques qui aideraient les gardiens de foot à faire de meilleurs attrapés.

AMPHIBIANS

Amphibian life in the Gamba Complex is richly diverse — 75 species recorded to date, an impressive number when the total for the whole of Gabon was just 72 prior to these studies. Only one other comparable region in Africa has more: Korup National Park in Cameroon, where 90 species of amphibians have been formally documented or are believed to occur.

Amphibians rely on often-fragile watery habitats and can be sensitive to water and air quality, thus serving as indicators of change in both aquatic and terrestrial environments. Frog populations around the world are declining, and monitoring of amphibians over time in the Gamba Complex is therefore important to help determine natural or human-caused alterations in ecosystems.

Frogs are nocturnally and seasonally vocal animals, sending researchers to swamps to track their calls. The calls reveal a species' identity, and herpetologists record them for identification purposes. Active searching with tape recorders and flashlights is complemented by simple bucket traps for catching frogs such as the rare burrowing frog *Hemisus perreti*, a first-ever record in the Gamba Complex.

Two of the amphibians found are caecilians, legless creatures resembling worms; the rest are frogs, some of which are likely new to science with confirmative identification underway in international institutions. Loango National Park turned up the frog *Hyperolius kuligae*, the first confirmed record of this species from Gabon. Of special taxonomic and biogeographic significance, Moukalaba-Doudou National Park yielded the highest number of amphibians — 69 — for any studied area in Gabon, 21 of them unique to the park. Second highest for the country was Rabi, where 49 amphibian species were documented. The Gamba oil field area produced the fewest species, perhaps because the survey was conducted during the dry season.

In 2000, Gabon's total amphibian list stood at 72; now 96 are documented in the country. Increased training and research opportunities hold promise that local and international experts will discover more species and reach a better understanding of habitats that should be conserved to help ensure viable amphibian populations.

LES AMPHIBIENS

Les amphibiens du Complexe de Gamba présentent une riche diversité : on en a relevé 75 espèces à ce jour, chiffre impressionnant quand on sait qu'on n'en connaissait que 72 dans tout le Gabon avant les dernières études. Une seule région d'Afrique en compterait davantage : 90 espèces d'amphibiens ont été officiellement recensées ou sont supposées vivre dans le parc national de Korup, au Cameroun.

Les amphibiens ont besoin d'habitats humides souvent vulnérables, et sont affectés par la qualité de l'eau et de l'air, ce qui en fait de bons baromètres de perturbation des environnements aquatiques et terrestres. Comme les populations de grenouilles sont en déclin dans le monde, la surveillance des amphibiens du Complexe de Gamba est importante pour aider à évaluer les altérations naturelles et humaines dans les écosystèmes.

Les grenouilles sont surtout actives la nuit et durant certaines saisons, ce qui amène les chercheurs à explorer les marécages à l'écoute de leurs appels. Chaque espèce a son propre chant et les herpétologues les enregistrent pour les identifier. Ils effectuent aussi des recherches actives avec des magnétophones et des lampes de poche, et se servent de pièges simples faits avec des seaux pour capturer des spécimens comme la rare grenouille fouisseuse (*Hemisus perreti*), observée pour la première fois dans le Complexe de Gamba.

Deux des amphibiens relevés sont des cécilies, des créatures sans membres qui ressemblent à des vers; les autres sont des grenouilles, dont certaines n'ont probablement jamais été vues auparavant, ce que confirmeront les diverses analyses menées actuellement par des institutions internationales. On a trouvé dans le parc national de Loango la grenouille *Hyperolius kuligae*, une première observation confirmée de cette espèce au Gabon. Du point de vue taxonomique et biogéographique, il est aussi important de noter que le parc national de Moukalaba-Doudou a produit le plus grand nombre d'amphibiens de toutes les régions étudiées au Gabon, soit 69 espèces, dont 21 n'ont été observées que dans le parc. La zone de Rabi vient au deuxième rang au pays, avec ses 49 espèces d'amphibiens recensées. C'est dans la zone des champs pétrolifères de Gamba qu'on a identifié le moins d'espèces, peut-être parce que l'étude a été menée durant la saison sèche.

En 2000, le nombre d'amphibiens identifiés au Gabon était de 72; à l'heure actuelle, on en recense 96 et de meilleures occasions de formation et de recherche laissent prévoir que les spécialistes locaux et internationaux en découvriront d'autres encore et pourront mieux comprendre les habitats qu'il faut conserver pour assurer la survie à long terme des populations d'amphibiens.

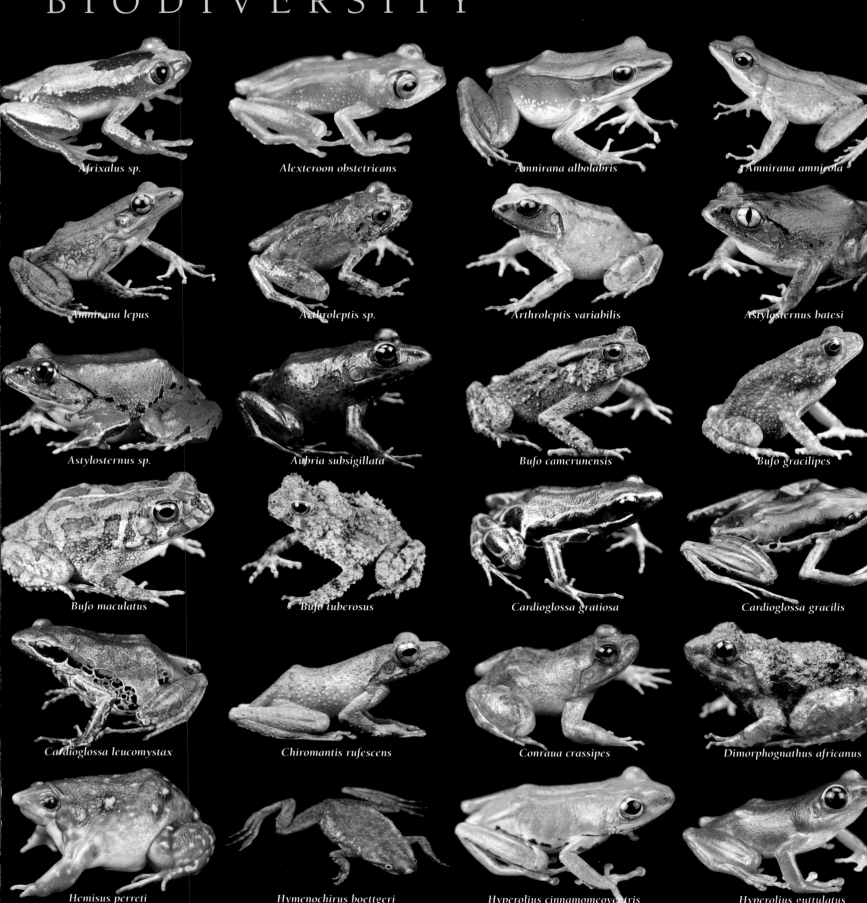

BIODIVERSITY

Afrixalus sp.

Alexteroon obstetricans

Amnirana albolabris

Amnirana amnicola

Amnirana lepus

Arthroleptis sp.

Arthroleptis variabilis

Astylosternus batesi

Astylosternus sp.

Aubria subsigillata

Bufo camerunensis

Bufo gracilipes

Bufo maculatus

Bufo tuberosus

Cardioglossa gratiosa

Cardioglossa gracilis

Cardioglossa leucomystax

Chiromantis rufescens

Conraua crassipes

Dimorphognathus africanus

Hemisus perreti

Hymenochirus boettgeri

Hyperolius cinnamomeoventris

Hyperolius guttulatus

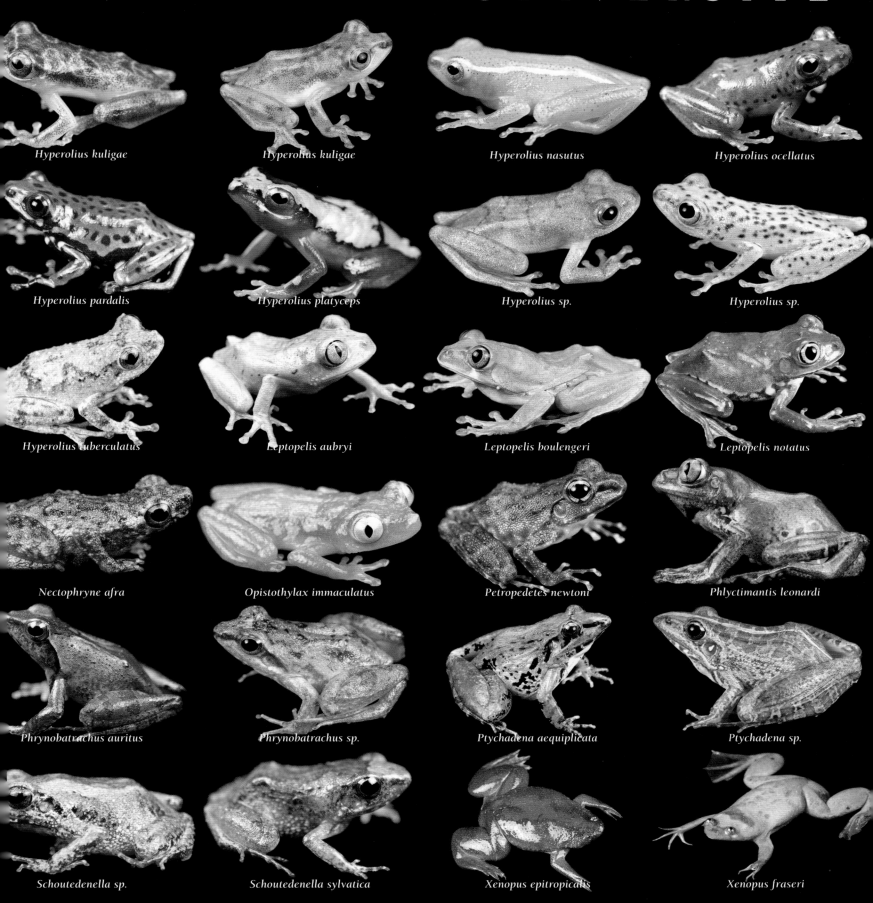

Hyperolius kuligae

Hyperolius kuligae

Hyperolius nasutus

Hyperolius ocellatus

Hyperolius pardalis

Hyperolius platyceps

Hyperolius sp.

Hyperolius sp.

Hyperolius tuberculatus

Leptopelis aubryi

Leptopelis boulengeri

Leptopelis notatus

Nectophryne afra

Opistothylax immaculatus

Petropedetes newtoni

Phlyctimantis leonardi

Phrynobatrachus auritus

Phrynobatrachus sp.

Ptychadena aequiplicata

Ptychadena sp.

Schoutedenella sp.

Schoutedenella sylvatica

Xenopus epitropicalis

Xenopus fraseri

Amnirana albolabris

White-lipped frogs in amplexus. Males call from shallow, swampy waters to woo mates, clasping nearby females. The female keeps distance unless ready to deposit eggs; if grabbed prematurely, she utters a release call, and the male usually lets go.

Grenouilles à lèvres blanches en amplexus. Les mâles chantent dans des marécages peu profonds pour y attirer leurs partenaires, et étreignent les femelles passant à proximité. Les femelles ne se rapprochent que si elles sont prêtes à déposer leurs oeufs; si elles sont saisies prématurément, elles émettent un cri particulier qui en général amène le mâle à les relâcher.

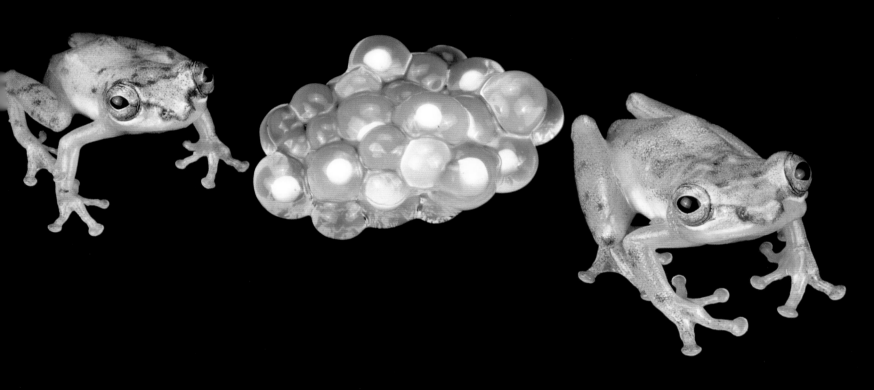

Hyperolius kuligae

Originally known from neighboring Cameroon, the Kivu reed frog was found for the first time in Gabon by Smithsonian herpetologists. Most reed frogs lay eggs in a sticky jelly mass on pond-side foliage. Note the difference in the sexes – varied coloration and the female, right, is larger than the male.

Déjà connue au Cameroun, la grenouille des roseaux du Kivu a été trouvée pour la première fois au Gabon par des herpétologues de la Smithsonian. La plupart des grenouilles des roseaux pondent leurs oeufs dans une masse gélatineuse sur des feuilles en bordure de mare. Notez les différences entre les sexes: la coloration, et aussi la taille, la femelle, à droite, étant plus grande que le mâle.

Bufo tuberosus

Above: Eight toad species are known from Gabon, six recorded in the Gamba region. Of these, the warty toad was by far the rarest – only encountered in pristine primary rainforest.

Top right: Most frogs are primarily terrestrial, only entering water to lay eggs or seek shelter when stalked. In contrast, the clawed frogs – like Fraser's clawed frog – are almost entirely aquatic, leaving ponds only when the ponds dry up or flood. Aquatic adaptations: heavily webbed toes and eyes positioned on the top of the head.

Bottom right: A peerless way to pair, mating striped leaf-folding frogs deposit eggs on a leaf above water, folding it with their hind legs and sealing it with a secreted adhesive. The eggs remain in the folded leaf for several days until the tadpoles wriggle free and drop into the pool below.

Ci-dessus : Huit espèces de crapauds sont connues du Gabon, parmi elles six ont été rencontrées dans la région de Gamba. La plus rare, le crapaud verruqueux, ne vit qu'en forêt primaire.

En haut á droite : La plupart des grenouilles sont principalement terrestres, n'allant à l'eau que pour pondre leurs oeufs ou chercher refuge lorsqu'elles sont pourchassées. Au contraire les xénopes – comme ici le xénope de Fraser – sont presque totalement aquatiques, ne quittant leurs mares que lorsqu'elles s'assèchent ou lors d'inondations. Ils présentent de remarquables adaptations à leur vie aquatique : des palmures très développées entre les orteils, et des yeux situés au sommet de la tête.

En bas à droite : Ces grenouilles rayées ont un mode de reproduction fascinant. Elles déposent leurs oeufs sur une feuille surplombant l'eau, la plient avec leurs pattes postérieures, puis la scellent à l'aide d'une substance adhésive qu'elles sécrètent. Les oeufs resteront dans cette feuille pliée pendant plusieurs jours, jusqu'à ce que les têtards se fraient un chemin vers l'extérieur et se laissent tomber dans la mare.

Xenopus fraseri

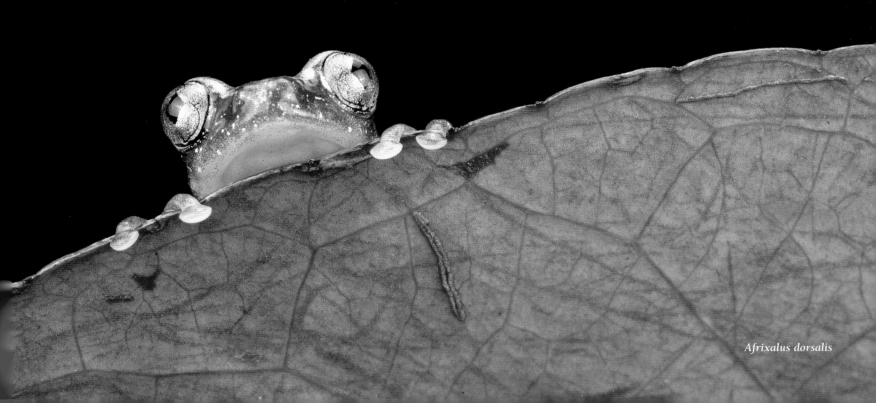

Afrixalus dorsalis

Leptopelis boulengeri

Of eight tree frog species recorded from Gabon, Boulenger's tree frog is among the largest – female snout-vent length can reach 80 millimeters. Members of this genus have vertically elliptical pupils, whereas those of reed frogs *Hyperolius* are horizontal.

Des huit espèces de grenouilles arboricoles recensées à ce jour au Gabon, celle de Boulenger est l'une des plus grandes, pouvant atteindre 80 millimètres du museau au cloaque. Ce genre de grenouilles a des pupilles verticalement elliptiques, tandis que les grenouilles des roseaux du genre *Hyperolius* ont une pupille horizontale.

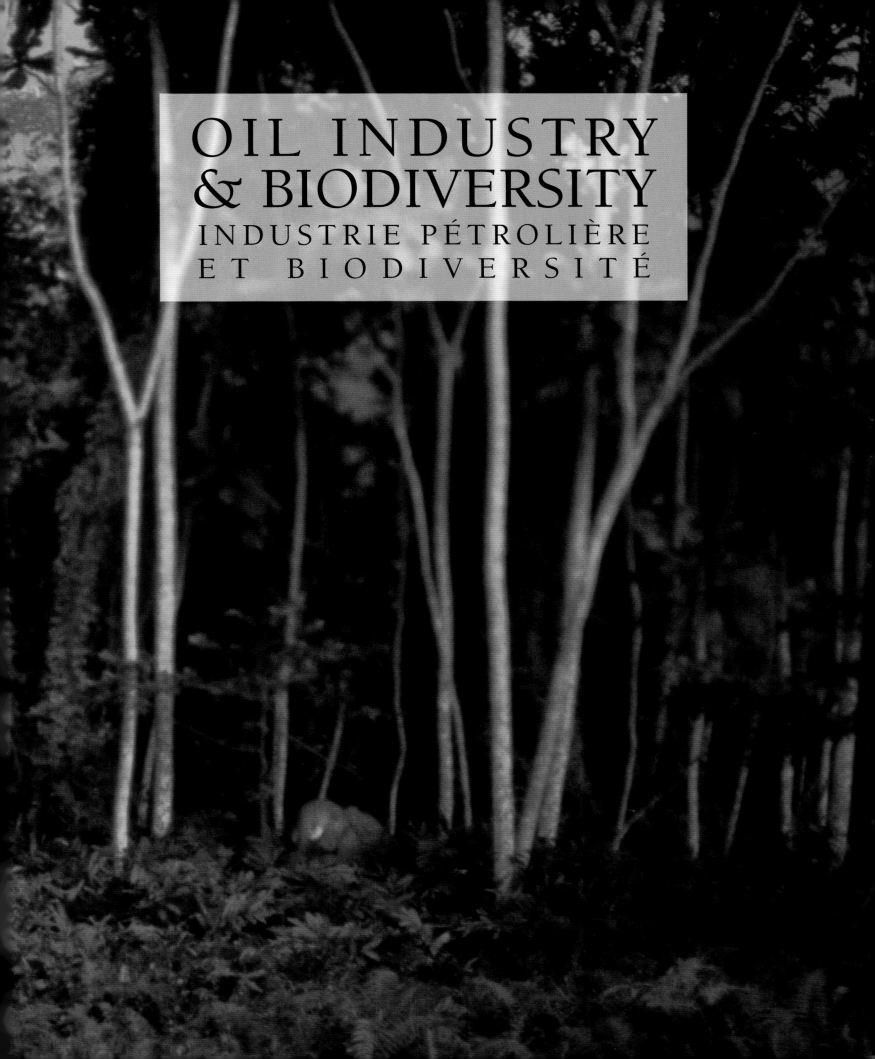

OIL INDUSTRY
& BIODIVERSITY
INDUSTRIE PÉTROLIÈRE
ET BIODIVERSITÉ

Previous pages: Natural gas flaring casts the night sky orange in Rabi. The field is currently being outfitted to re-inject unusable natural gas into the ground, stopping flares in the near future.

Pages précédentes : Le brûlage à la torche du gaz naturel jette une lueur orangée dans le ciel nocturne à Rabi. Ce procédé sera bientôt abandonné, le processus étant modifié de façon à réinjecter dans le sous-sol le gaz naturel inutilisé.

Rigs drill wells in configurations capable of twisting underground to run horizontal instead of vertical. One platform may service a web of subsurface pipes drawing from different depths, directions, and distances, thus reducing surface-level disturbance.

À partir des plates-formes, il est maintenant possible de forer des puits à l'horizontale plutôt qu'à la verticale. Une seule plate-forme peut être alimentée par un réseau tentaculaire de conduites souterraines d'orientations, de profondeurs et de longueurs diverses, ce qui atténue les répercussions en surface de l'extraction du

Enter Central Station. Turbines tremble the ground. A matrix of silver pipe twists in parallel array, calculated and mechanical, powerfully productive. Metal roars, engines fire, and pump by pump, tanks fill with crude. Workers in coveralls and hardhats move deftly through the maze, reading valves and monitoring flow, cranking bolts and repairing lines, somehow ignoring the industrial bellow of operation. Shell's Rabi oil concession has been Gabon's most productive onshore site since its discovery in 1985. At top flow in 1997, it yielded 220,000 barrels of oil per day; now it produces around 60,000 barrels a day with new technology underway to maintain production.

Exceptionally strict operating standards at Rabi address public access, land clearing, road construction and use, and site restoration. Rules — no outsiders, low speed limits, no night traffic — are enforced for security and production, but also benefit wildlife. Here, elephants reign. Monkeys cascade through fruit trees along the road. Scientists have found record-high reptile richness, encountered rare small mammals, documented new-to-science fish, tracked troupes of gorillas. They have rediscovered reptiles last recorded 96 years ago, weighed bats the size of matchboxes, handled scorpions sharp and long as daggers. Experts in biodiversity declare the site biologically significant — an unexpected juxtaposition of industry and nature. So far, greater biological diversity has been recorded in Rabi than elsewhere in the Complex, but such patterns are not scientifically linked to oil development.

At Shell's Gamba field, where oil extraction was born years earlier into a world of lower environmental standards, scientists found untreated areas of pollution, less guarded operation roads, and fewer wildlife-friendly

Bienvenue à Central Station. Les turbines font trembler le sol. Un entrelacs de tuyaux argent court sa fuite parallèle, calculé et mécanique, productif à l'extrême. Le métal rugit, les moteurs grondent et, puits par puits, les réservoirs s'emplissent de brut. En bleu de travail, casqués, les ouvriers se fraient un chemin dans ce labyrinthe, lisant les capteurs et surveillant l'écoulement, resserrant des écrous et réparant des conduites, apparemment insouciants du vacarme industriel de l'installation. La concession pétrolière de Rabi, exploitée par Shell depuis sa découverte en 1985, est le site terrestre le plus productif au Gabon. En 1997, à l'apogée de sa production, il en sortait 220 000 barils de pétrole par jour. De nos jours, elle en produit encore autour de 60 000 barils par jour, et l'introduction prochaine d'une nouvelle technologie devrait permettre d'en maintenir l'exploitation.

À Rabi, Shell a instauré des normes de fonctionnement très strictes, qui y limitent l'accès du public, le déboisement, la construction et l'utilisation de routes, et prévoient même la remise en état des lieux. Les divers règlements en vigueur à des fins de sécurité et de production (pas de visiteurs, circulation à vitesse réduite, interdiction de rouler la nuit) profitent également à la faune locale. Ici, l'éléphant est roi et maître. Les singes déboulent des arbres fruitiers qui bordent les chemins. Les chercheurs ont découvert ici une diversité inégalée de reptiles, ont observé de petits mammifères rares, ont décrit des poissons inconnus de la science, ont suivi des groupes de gorilles. Ils ont redécouvert des reptiles qu'on n'avait pas vus depuis 96 ans, ont pesé des chauves-souris de la taille d'un paquet d'allumettes, ont mesuré des scorpions effilés et mortels comme des dagues. Les spécialistes en biodiversité ont confirmé la valeur biologique de Rabi, juxtaposition improbable de l'industrie et de la nature. On a relevé à ce jour une plus grande diversité biologique à Rabi qu'ailleurs dans le Complexe, situation n'a aucun rapport scientifique avec l'exploitation du pétrole.

Au champ pétrolier de Shell à Gamba, où l'extraction du pétrole a débuté bien avant, en un temps aux normes environnementales relâchées, les chercheurs ont observé des zones encore polluées, des chemins d'accès moins policés et moins de mesures favorables à la nature qu'à Rabi. Les pressions des gens de l'endroit (chasse, pêche, agriculture) aggravent les dommages causés, à une époque moins

field controls than at Rabi. The weight of community pressures — hunting, fishing, agriculture — adds to the historical impact of development in a less environmentally aware era. Primary forests and their birds are gone, replaced by disturbed forests. Antelopes are skittish, buffalos rare — yet monkeys are often sighted, gorillas glimpsed, and elephants cross roads in parade.

A single road links Rabi to Gamba, 120 kilometers through a corridor of oil concessions held by different operators and in various stages of production. Historically, this corridor is zoned a hunting domain, but hunting laws and oil operating rules are poorly defined and unenforced. The forest is vast: trees edge the road like cliffs. Leopards and monitor lizards cross it, elephants leave tracks like pie pans down its red dirt. Where do they go from here? How do they react when new roads slice their habitat? Do the same elephants range between the two national parks or stay in the central industrial corridor? Understanding habitat connectivity,

fragmentation, and the ecological impact of natural resource development is critical to the success of Gabon's protected area system. New, enforced zoning, careful land-use planning, and best practices by all in the corridor are needed to determine the kind of footprint — industrial or elephant — that will be left behind.

As the local economy starts to diversify with decline of the oil fields, pressure on the land is likely to increase. At Rabi, decommissioning will be particularly important in view of the isolation of the field and the richness of its biodiversity, and industry-wide best practices for biologically sensitive areas should be maintained. At Gamba, sustainable development is a top concern, and communities can lead in creating economic alternatives that do not empty the animals from the forest and the forest from the land. Being aware and active in the creation of the legacy is the Gamba Complex's greatest challenge.

logie, par les activités de développe-
s les forêts vierges et leur faune ailée,
des forêts perturbées. Les antilopes sont
ouffles rares, mais on observe encore
nges, on aperçoit aussi des gorilles et on
s éléphants traverser la route à la file.
ba et Rabi, il n'y a qu'une seule route de
s qui traverse un couloir de concessions
de production et exploitées par divers
e couloir a toujours été zoné comme
nasse, mais les lois sur la chasse et les
xploitation du pétrole y sont mal définis
a forêt est vaste. Comme des falaises, ses
la route de terre rouge que traversent
rans et où les éléphants laissent des
ges comme des moules à tartes. Quelle
ation? Comment réagissent-ils lorsque
outes entaillent leur habitat? Les mêmes
agent-ils entre les deux parcs nationaux
dans le couloir industriel qui les sépare?
ent nécessaire de comprendre les effets
ivité et la fragmentation de l'habitat des

activités d'exploitation des ressources naturelles pour
assurer la réussite du réseau d'aires protégées du
Gabon. De nouveaux règlements de zonage mieux
appliqués, un aménagement avisé du territoire et des
pratiques exemplaires de la part de tout le monde sont
nécessaires pour faire en sorte que ce soient les
empreintes des éléphants, plutôt que celles de l'industrie, que nous laisserons aux générations futures.

Avec le début de la diversification de l'économie
locale, on peut s'attendre à ce que le territoire subisse
des pressions accrues. À Rabi, l'épuisement des puits
sera vraiment critique, étant donnés l'isolement du
champ et la richesse de la biodiversité locale, et
l'industrie devra y maintenir des pratiques exemplaires à la mesure de la vulnérabilité de la région. À
Gamba, où le développement durable pose des préoc-
cupations majeures, les collectivités peuvent envisager
la création d'autres activités économiques que le
prélèvement de la faune et de la flore forestières. La
sensibilisation au patrimoine du Complexe de Gamba
et les mesures actives qui assureront sa survivance
sont le plus grand défi de la région.

The Giant Kingfisher *Megaceryle maxima* perches on a ten-centimeter diameter pipe in Rabi. Flowlines are lifelines in an oil field, with one pipe leading from each well to a gathering station for processing.

Un martin-pêcheur géant (*Megaceryle maxima*) se perche sur un tuyau de dix centimètres, à Rabi. Les conduites sont les cordons ombilicaux d'un champ pétrolier, chacune amenant le brut d'un puits jusqu'à la station collectrice où il sera transformé.

The Rabi oil field has been the nation's most productive onshore site in history.

Le champ pétrolifère de Rabi est le plus productif site terrestre qu'ait jamais connu le pays.

Sitatungas learn to cross soft barriers like pipelines. Photo by Patrick Campbell.

Les sitatungas apprennent à franchir les obstacles que constituent les oléoducs. Photo par Patrick Campbell.

It takes a full-time machete effort to prevent the forest from reclaiming infrastructure.

Il faut constamment jouer de la machette pour empêcher la forêt de reconquérir le terrain occupé.

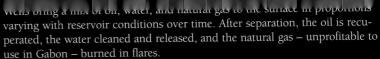

Wells bring a mix of oil, water, and natural gas to the surface in proportions varying with reservoir conditions over time. After separation, the oil is recuperated, the water cleaned and released, and the natural gas – unprofitable to use in Gabon – burned in flares.

Wildlife adaptation to flares in Rabi is evident for some mammals, birds, fish, and amphibians, but perhaps not for all. For example, insects, which serve as food and pollinators for many other species, may not survive their attraction to light. Ecological impacts of flares on the forests in Gabon are not known.

As a field ages, maintaining high oil output in the mix may require new approaches; the recently launched Rabi Phase III campaign aims to raise the cut of crude through new technology. Simultaneously it will stop flaring by re-injecting natural gas into the ground, meeting the "flares out" policy of Shell Group.

Les puits ramènent à la surface un mélange de pétrole, d'eau et de gaz naturel en proportions variables, selon les conditions du réservoir. Après la séparation, le pétrole est récupéré, l'eau est purifiée et relâchée, et le gaz naturel — inutilisable de façon rentable au Gabon — est brûlé à la torche.

Certains mammifères, oiseaux, poissons et amphibiens se sont visiblement adaptés aux torches de Rabi, mais tel n'est pas nécessairement le cas pour toute la faune. Ainsi, les insectes qui pollinisent et alimentent de nombreuses espèces pourraient bien ne pas survivre à l'attirance que les flammes exercent sur eux. On ne connaît toujours pas les impacts du torchage sur l'écologie des forêts du Gabon.

À mesure qu'un champ pétrolifère vieillit, on doit recourir à de nouveaux procédés pour maintenir une proportion rentable de pétrole dans le mélange extrait. La campagne Rabi Phase III, lancée récemment, vise à augmenter la proportion de pétrole grâce à de nouvelles technologies, tout en mettant fin à la combustion du gaz naturel par réinjection de ce dernier dans le sous-sol, conformément à la politique du Groupe Shell relative à l'élimination du torchage.

Oil field construction requires landscape contouring for even roads and level platforms. In Rabi, road construction sometimes resulted in flooding of adjacent areas, creating artificial swamps: the dying trees provide habitat for some water birds (above left). Platforms now used for production may one day be decommissioned (above right). Landscape planning includes long-term perspectives on minimizing the footprints left behind.

L'installation d'infrastructures pour un champ pétrolier, notamment de routes et de plates-formes, nécessite l'aplanissement du relief. À Rabi, la construction de routes a parfois provoqué l'inondation des terres adjacentes, donnant lieu à la création de marécages artificiels. Des arbres mourants fournissent un habitat aux certains oiseaux aquatiques (en haut à gauche). Les plates-formes actuellement en production pourraient un jour être abandonnées (en haut à droite). La planification du paysage suppose la prévision à long terme de processus d'atténuation au minimum des traces de l'exploitation.

The Terminal – operational base for Shell Gabon – collects crude oil from both Rabi and Gamba oil fields in holding tanks before piping it to sea for loading on export vessels.

C'est au Terminal, base des opérations de Shell Gabon, que le pétrole des gisements de Rabi et de Gamba est stocké dans des réservoirs avant d'être transféré par oléoduc sur des pétroliers.

As leaf eaters, bark strippers, seed swallowers, and dung depositors, elephants play a major role in ecosystem processes such as replanting the forest. Understanding how large mammals influence the environment through behavior and distribution will help gear management for their survival – and thus the success

En consommant les feuilles, en arrachant l'écorce, en avalant les graines des arbres et en déposant leurs excréments, les éléphants jouent un rôle important dans l'écosystème forestier. C'est en sachant comment les grands mammifères, par leur comportement et leur répartition, influent sur leur environnement qu'on pourra mettre au point des stratégies pour

LARGE MAMMALS

Large animals such as elephants and buffalos play key roles in the structure and composition of vegetation, plant productivity, and nutrient cycling. Carnivores may regulate populations of other species. These important functions suffer when populations of large mammals decline, and many mammals found in the Gamba Complex — because they are valued for meat, skins, and ivory across their broader ranges, or more importantly because of habitat decline — are imperiled.

Despite their size, large mammals can be elusive and difficult to spot. Scientists thus rely on indirect observations — tracks, dung, nests, vocalizations — to document a species' presence. Forty-two different medium- and large-sized mammals have been recorded in the Gamba Complex through direct observation, careful reading of sign, and remote camera traps. The list includes the western lowland gorilla *Gorilla gorilla gorilla* and chimpanzee *Pan troglodytes*; the African forest elephant *Loxodonta africana cyclotis* and African forest buffalo *Syncerus caffer nana*; the common hippopotamus *Hippopotamus amphibius*, leopard *Panthera pardus pardus*, and side-striped jackal *Canis adustus*; and eight species of monkey.

Past studies at the Complex focused on elephants, buffalos, and great apes. Current research strives to expand the list of medium-sized and large mammals, determine their distribution and relative abundance, and assess the impact of roads, industry, and rural communities on mammals.

The powerful bulk of an elephant or the cool countenance of a leopard can give the impression of invulnerability, but large mammals could be among the most fragile pieces of the rainforest puzzle. Their considerable needs for food and space make them susceptible to habitat disturbance; increased forest access can bring commercial hunting and other activities that often threaten habitat. Loss of these populations may be felt further down the chain: how will certain tree species disperse their seeds without elephants? Conservation of large mammals requires a proactive approach. Large mammal populations in the Gamba Complex are still intact, giving the opportunity to understand their needs and put conservation strategies in place to boost their chance of survival.

LES GRANDS MAMMIFÈRES

Les grands animaux comme les éléphants et les buffles jouent des rôles clés dans la structure et la composition de la flore, la productivité des plantes et le cycle nutritif. Les carnivores peuvent régulariser les stocks d'autres espèces. Ces fonctions importantes sont touchées lorsque les populations de grands mammifères diminuent; convoités pour leur viande, leur cuir et leur ivoire, plusieurs des mammifères du Complexe de Gamba sont en péril dans leur grande aire de distribution. Enfin, la perte d'habitat exerce une pression considérable sur les grands mammifères.

En dépit de leur taille, les grands mammifères sont discrets et difficiles à observer. Les scientifiques doivent donc s'en remettre aux observations indirectes (pistes, crottin, nids, appels) pour en documenter la présence d'une espèce. L'observation directe, l'étude attentive des traces et les pièges avec appareils-photo à déclenchement automatique ont permis de recenser 42 mammifères de moyenne à grande taille dans le Complexe de Gamba. Cette liste inclut le gorille de plaine (*Gorilla gorilla gorilla*) et le chimpanzé (*Pan troglodytes*); l'éléphant de forêt (*Loxodonta africana cyclotis*) et le buffle de forêt (*Syncerus caffer nana*); l'hippopotame (*Hippopotamus amphibius*), le léopard (*Panthera pardus pardus*) et le chacal rayé (*Canis adustus*); et huit espèces de singes.

Des études dans le Complexe ont déjà été réalisées sur les éléphants, les buffles et les grands singes. La recherche actuelle s'efforce d'élargir la liste des mammifères de moyenne et grande taille, de cerner leur distribution et leur abondance relative, et d'évaluer les impacts des routes, des industries et des villages agricoles sur leur mode de vie.

La puissante masse de l'éléphant ou le calme impressionnant du léopard peuvent donner une impression d'invulnérabilité. Pourtant, les grands mammifères pourraient bien être les pièces les plus fragiles du puzzle de la forêt tropicale. Leurs besoins considérables en nourriture et en territoire les rendent vulnérables aux perturbations d'habitat, et une accessibilité accrue pour les humains amène aussi son contingent de chasseurs commerciaux. Ces menaces réunies peuvent précipiter le déclin des populations de grands mammifères, scénario hélas bien connu ailleurs. Or, la perte de ces populations peut se répercuter à d'autres échelons : comment certaines espèces d'arbres pourront-elles disperser leurs graines faute d'éléphants? La conservation des grands mammifères exige une approche proactive. Parce que leurs populations dans le Complexe de Gamba sont encore intactes, comprendre leurs besoins et mettre en place sans délai des stratégies de conservation accroîtra de beaucoup leurs chances de survie à long terme.

Lissonycteris angolensis

The Angola fruit bat, a type of rousette fruit bat, eats fruit juices and flower nectar while inadvertently pollinating flowers. The known longevity record for the genus is nearly 23 years.

La chauve-souris frugivore d'Angola, une sorte de roussette, se nourrit du jus des fruits et du nectar des fleurs; ce faisant, elle pollinise incidemment les fleurs. La longévité record pour ce genre est de presque 23 ans.

SMALL MAMMALS

Shrews, dormice, rats, and bats are important consumers of fruits and insects, distributors of seeds, and prey for other species. A healthy number of shrew and rodent species — 24 in total — was documented in the Gamba Complex, matching or exceeding the number in other habitats of northeastern Gabon and at research sites in Equatorial Guinea, Central African Republic, and Nigeria. Bats were studied only at Rabi, where 15 species were recorded.

At the Complex, researchers are determining the species composition of small mammals in different habitat types at oil production sites and in national parks, evaluating the effectiveness of different sampling methods for assessment and monitoring purposes, and investigating specific groups that are taxonomically problematic because of lack of study.

The ten insectivore species found include the giant otter shew *Potamogale velox*, an aquatic species that inhabits forest streams, and the golden mole *Chlorotalpa leucorhina*, a subterranean animal adapted for burrowing. Among all shrews recorded, these are the only two species that are not nocturnal.

The agile climbing African dormouse *Graphiurus murinus* was the sole rodent species recorded that is not in the Muridae family, the largest of all rodent families worldwide. The Muridae are typically frugivorous or omnivorous (the link rat *Deomys ferrugineus* was the only insectivorous rodent found) and terrestrial, although the arboreal *Grammomys rutilans* and three species of climbing *Hylomyscus* were recorded. Several genera of rodents (*Lophuromys*, *Hybomys*, *Deomys*, and *Grammomys*) were found only at inland locations, while others (*Stochomys* and *Mus*) were only found in secondary growth around oil facilities and other developments at Rabi. The giant pouched rat *Cricetomys emini* was the largest rodent documented, weighing one kilogram.

Fewer small mammal species were documented at coastal areas than at inland forest, possibly because vegetation is less diverse on the coast and there are fewer habitat niches. These data indicate a higher small mammal species diversity in the Rabi oil field than at Loango National Park, but they do not find patterns as a function of oil development.

LES PETITS MAMMIFÈRES

Les musaraignes, les loirs, les rats et les chauves-souris sont de grands consommateurs de fruits et d'insectes; ils dispersent aussi les graines et nourrissent divers prédateurs. On a signalé dans la région un nombre important d'espèces de musaraignes et de rongeurs, 24 en tout; c'est autant ou davantage que le nombre signalé pour les habitats du nord-est du Gabon, ainsi que par les stations de recherche de la Guinée équatoriale, de la République centrafricaine et du Nigéria. La seule étude sur les chauves-souris, menée à Rabi, a identifié 15 espèces.

Dans le Complexe, les chercheurs cernent la composition en espèces des petits mammifères de divers habitats dans les sites de production de pétrole et les parcs nationaux, évaluant l'efficacité de différentes méthodes d'échantillonnage à des fins d'évaluation et de surveillance, et menant des études plus approfondies sur certains groupes qui posent des problèmes de taxonomie, par manque de documentation.

Parmi les dix espèces d'insectivore relevées, on trouve le potamogale (*Potamogale velox*), un rongeur aquatique des ruisseaux forestiers, et la taupe dorée (*Chlorotalpa leucorhina*), un fouisseur qui vit sous terre. De toutes les musaraignes étudiées, deux espèces seulement sont diurnes.

L'agile muscardin d'Afrique (*Graphiurus murinus*) est le seul du groupe à ne pas faire partie de la famille des muridés, la plus abondante famille de rongeurs au monde. A l'exception d'un insectivore *Deomys ferrugineus*, les muridés sont frugivores ou omnivores, et terrestres, bien qu'on ait relevé un muscardin arboricole, *Grammomys rutilans*, et trois espèces grimpeuses du genre *Hylomyscus*. Les rongeurs *Lophuromys*, *Hybomys*, *Deomys* et *Grammomys* n'ont été signalés que dans des sites de l'intérieur, tandis que les espèces *Stochomys* et *Mus* n'ont été observées que dans les zones de forêt secondaire de Rabi, autour des plates-formes de forage et des autres installations. À un kilo, le rat géant d'Emin (*Cricetomys emini*), un animal à poche ventrale, est le plus gros rongeur à avoir été étudié.

On a recueilli moins d'espèces de petits mammifères dans la zone littorale que dans la jungle de l'intérieur, peut-être parce que la côte a une flore moins variée et n'offre pas autant de niches écologiques. À la lumière de ces données, on note qu'il y a une plus grande variété de petits mammifères dans le champ pétrolifère de Rabi que dans le parc national de Loango, une situation qui n'est pas associée directement à l'exploitation pétrolière.

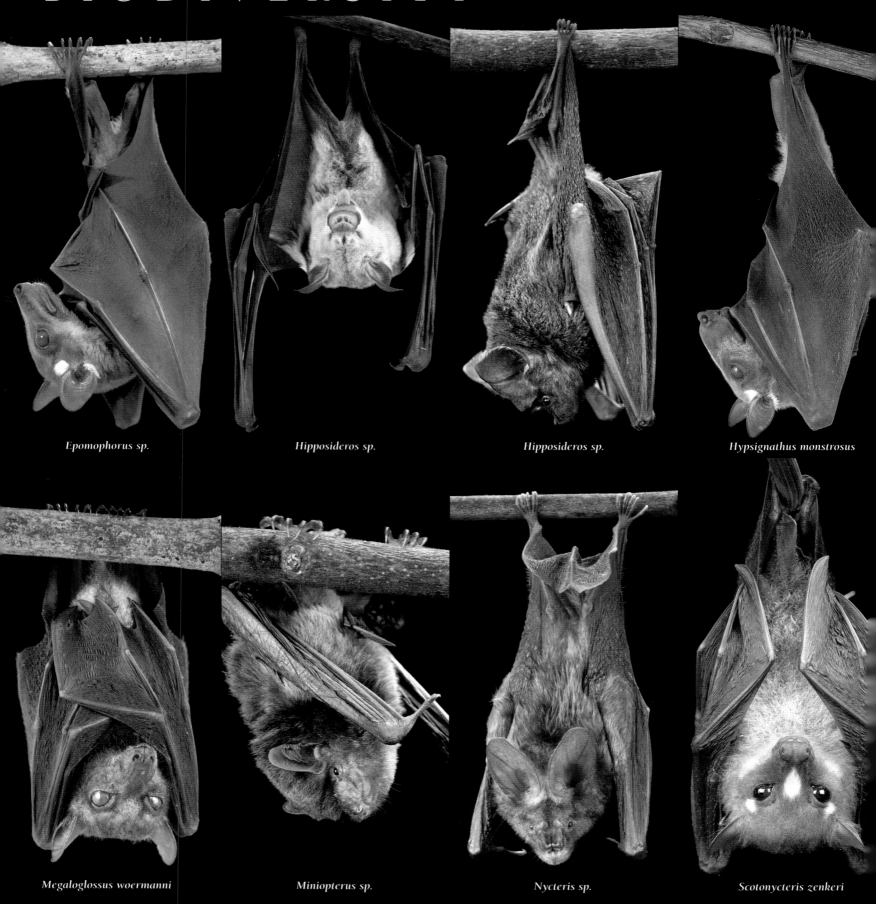

Epomophorus sp.

Hipposideros sp.

Hipposideros sp.

Hypsignathus monstrosus

Megaloglossus woermanni

Miniopterus sp.

Nycteris sp.

Scotonycteris zenkeri

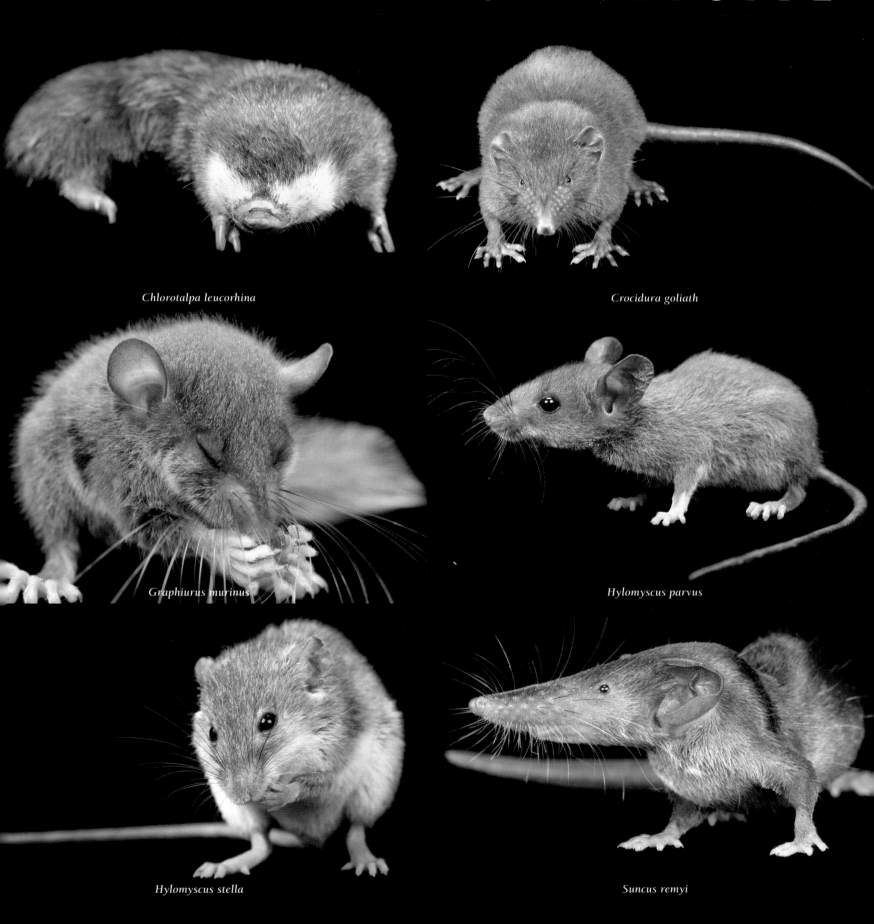

Chlorotalpa leucorhina

Crocidura goliath

Graphiurus murinus

Hylomyscus parvus

Hylomyscus stella

Suncus remyi

Crocidura crenata

Shrews are among the oldest, smallest animals in the world, and have some primitive characteristics. Some are blind, but many have developed a strong sense of hearing, sometimes even echolocation. The jumping shrew, like all shrews, feeds on invertebrates, especially insects.

Les musaraignes, parmi les plus anciens et les plus petits des mammifères, présentent certains traits primitifs. Aveugles dans certains cas, elles sont toutefois dotées d'une ouïe surdéveloppée, et quelques-unes sont même capables d'écholocation. Comme toutes les musaraignes, la musaraigne sauteuse se nourrit d'invertébrés, surtout d'insectes.

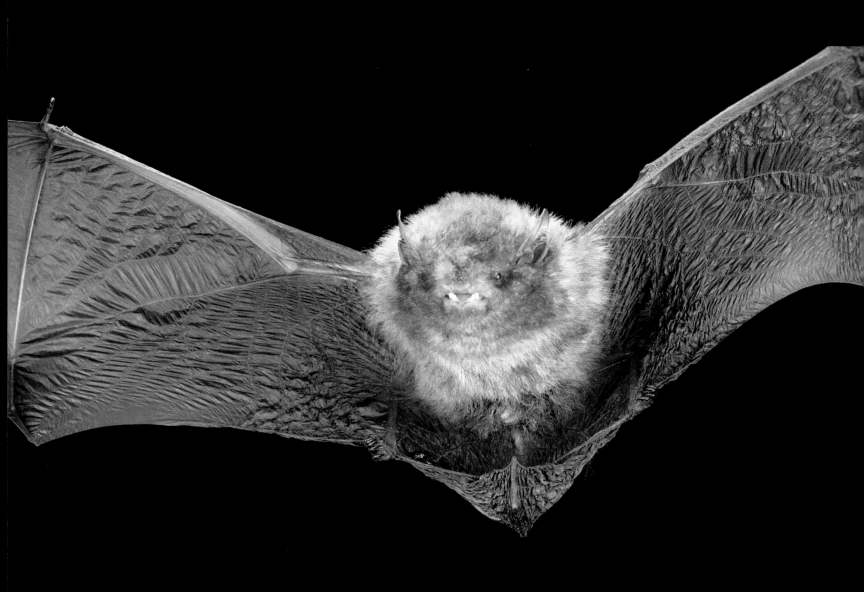

Miniopterus sp.

Bats belong to the order Chiroptera, meaning "hand wing:" a bat's wing is just an expanded hand, with long fingers connected by a thin, sturdy membrane. The species above, of undetermined name, belongs in the Evening Bat family Vespertilionidae and in a genus of bent-wing bats that usually live in caves. Note its facial flaps – adaptations for echolocation, allowing it to find night-flying insects to eat; some 70 percent of bats are insectivores.

Les chauves-souris appartiennent à l'ordre des chiroptères (du grec pour *mains-ailes*) : en effet, l'aile de la chauve-souris est une main distendue dont les longs doigts sont reliés par une fine membrane résistante. L'espèce illustrée ci-dessus, encore à nommer, est de la famille des chauves-souris du soir (vespertilionidés) et du genre des minoptères, qui vivent ordinairement dans des cavernes. Ses replis faciaux sont des adaptations à l'écholocation qui lui permet de capturer au vol les insectes nocturnes dont elle se nourrit. Quelque 70 p. cent des chauves-souris sont insectivores.

PEOPLE OF GAMBA
LES ÊTRES HUMAINS

Human population in the Complex is based in the waterside town of Gamba. Dugouts launch all day transporting fish to the market, firewood for cooking, and people and goods among villages on the lagoon. Small villages — Sounga (population 4), Ngomaguena (population 6) — sit quiet as sunlight, sometimes full, sometimes vacant. Larger villages also ebb and flow — places like Ibouka (population 80), Bongo (population 62), and Setté Cama (population 150) depend on seasonal work, harvests, and shifting job prospects.

Life here is basic: dirt floors, cook fires, thatched roofs, and hand-hewn vessels. It is of the earth. In times past, the N'dogo lagoon held thousands of people; today only 422, with historical remnants of bamboo, imported palm, and broken foundations hidden in overgrown bush. Plantations and small logging camps patch the area, some abandoned, others half-worked, still others productive. They yield baskets of manioc, bananas, peppers, and sugar cane to offset the tilapia, barracuda, and occasional bushmeat — antelope, monkey, bush pig — on which communities rely for sustenance.

Dry season nights fold the coastal plain in fog opaque as cloth, giving the Lumbu name "Ngamb" — fog — to the area. Gamba, as it became, grew quickly from a one-family encampment to a significant petroleum post, critical to the nation's economy. Here, oil drives all, either directly through industry jobs or indirectly for merchants, government, and service providers. It is a melting pot: some 40 Gabonese ethnic groups are represented, each with its language, and more than 30 nationalities come to Gamba for work. But it feels small town, not cosmopolitan. Dust kicks up on potholed roads. Rangy dogs and pleading goats disappear in gangs down alleyways. School kids walk home in colorful chatter past plywood buildings and open-air bars, untiring African music, shops of tins and onions, stalls of smoked fish. Afternoon light grins across its rooftops. Down the road, another neighborhood receives the same light, differently. Manicured lawns skirt white-washed villas, SUVs run in tarmac circles to a golf course, a hospital, a poolside social club. Not far is the oil terminal where flowlines regroup for processing and issuance to the world. Underground, a river of oil runs it all.

La population du Complexe est concentrée dans la ville côtière de Gamba. Toute la journée, des pirogues en partent pour transporter du poisson au marché, du bois pour la cuisson, des passagers et divers produits entre les villages de la lagune. De tout petits villages comme Sounga (4 habitants) et Ngomaguena (6 habitants) somnolent paisiblement au soleil, parfois habités, parfois désertés. La population des plus grands villages connaît aussi des hauts et des bas. Dans certains lieux comme Ibouka (80 habitants), Bongo (62 habitants) et Setté Cama (150 habitants), elle varie selon les travaux saisonniers, les récoltes et les opportunités d'emploi.

Ici, on vit près de la terre : planchers de terre battue, feux de cuisson, toits de chaume et pirogues taillées à la main. À une certaine époque, quelques milliers de personnes vivaient dans la lagune N'dogo… Il n'en reste aujourd'hui que 422, au milieu de vestiges de bambou, de palmiers importés et de fondations en ruine à demi-enfouies sous les broussailles. Plantations et camps de bûcherons donnent à la région une allure de vieille couverture rapiécée; certains sont abandonnés, d'autres à demi-exploités, et d'autres encore productifs. Ils produisent des paniers de manioc, de bananes, de poivrons et de canne à sucre qui accompagnent le tilapia, la barracuda et la viande de brousse occasionnelle (antilope, singe, sanglier) dont se nourrissent les gens du coin.

Durant la saison sèche, la nuit, le littoral disparaît sous une brume opaque comme une toile : brume se dit « ngamb » en langue lumbu, et c'est d'abord ainsi que s'est appelée la région, avant de devenir Gamba. À l'origine campement d'une seule famille, Gamba est soudain devenue une ville pétrolière majeure, vitale pour l'économie du pays. Ici, c'est le pétrole qui importe, que ce soit directement par les emplois qu'il suscite ou indirectement avec les commerçants, les fonctionnaires et les fournisseurs de services. Gamba est aussi un bouillon de cultures : une quarantaine de groupes ethniques du Gabon, chacun avec sa propre langue, y sont représentés, et des étrangers de plus de 30 nationalités y travaillent. Mais la ville a plus de la petite ville que de la métropole. Les rues sont poussiéreuses et criblées de nids de poule. Une meute de chiens faméliques s'enfuit dans une ruelle derrière une bande de chèvres vagissantes. Dans un coloris de verbiage, des écoliers

Oil, fishing, agriculture, natural gas, hunting, logging — Gamba lives off its land and relies on strong natural resources to support its people. Community development, resource management, land-use planning, and sustainability are all burgeoning issues for a town whose mainstay — petroleum — is declining. There is hope that ecotourism based on national parks, wildlife viewing, and sport fishing will diversify the economy. There is hope that farsighted leaders and community members will develop alternative livelihood options. There is hope that the oil and timber industries will proceed with vision, social commitment, and serious regard for their overall impact and legacy.

Clean air, rich waters, functioning forests, intact hillsides, and healthy wildlife count in favor of Gamba's future, but in the end it will take more than hope to realize economic and ecological endurance. In the end, Gamba will need to build capacity and take ownership of her heritage and development to shape a sustainable future — for her forests, yes, and so, ultimately, for her people.

rentrent chez eux, passant devant des bâtiments de contreplaqué et des bars à ciel ouvert, au rythme incessant de musique africaine, devant des magasins de conserves et d'oignons, et des étalages de poisson fumé. La lumière de l'après-midi arrose les chaumes en souriant. Plus loin sur la route, un autre voisinage reçoit la même lumière, mais différemment… Des pelouses manucurées entourent des villas blanchies à la chaux, des VTT roulent sur une piste goudronnée jusqu'au terrain de golf, à l'hôpital ou à la piscine du club social. Non loin de là, une série de pipelines aboutissent au terminal pétrolier qui transforme le pétrole pour l'exporter. Sous terre, une nappe de pétrole mène le bal.

Pétrole, gaz naturel, pêche, agriculture, chasse, coupe du bois… La population de Gamba subsiste grâce à son territoire et dépend de l'abondance de ses ressources naturelles. Le développement communautaire, la gestion des ressources, l'aménagement du territoire et la viabilité sont autant de problèmes inédits pour une ville dont la principale ressource, le pétrole, est en déclin. L'espoir demeure qu'un écotourisme fondé sur les parcs nationaux, l'observation de la nature et la pêche sportive aidera à diversifier l'économie. L'espoir demeure que la vision des dirigeants et des membres de la communauté saura susciter d'autres modes de subsistance. L'espoir demeure que les industries pétrolière et forestière feront preuve de vision et d'engagement social en considérant avec attention les impacts et les séquelles de leurs activités.

Un air pur, des eaux foisonnantes, des forêts dynamiques, des versants de collines intacts et une faune luxuriante militent en faveur de l'avenir de Gamba… Ceci dit, il faudra plus que de l'espoir pour atteindre une prospérité économique et écologique à long terme. Gamba devra développer des capacités et assumer la propriété de son patrimoine et de son développement afin de se pourvoir d'un avenir durable, pour ses forêts, bien sûr, et de là, à plus long terme, pour ses populations.

Palm strips gathered from the temporary palm wine plantation of Loubou will be woven in mats used to cover the ground. Photo at right by Yvonne Lai.

Recueillies à la plantation provisoire de vin de palme de Loubou, ces lanières de feuilles de palmier seront tressées pour faire des nattes. Photo de droite par Yvonne Lai.

Previous pages 252/53: Built like a boomtown for a quick-rise oil industry, land-use planning in Gamba was overlooked. Half-constructed buildings loom in every corner, evidence of hope for a future in Gamba.

Pages précédentes 252/53 : Ville champignon construite pour les besoins d'une industrie pétrolière en plein essor, Gamba n'a pas fait l'objet d'un plan d'aménagement du territoire. Des immeubles en construction s'élèvent un peu partout, signe d'espoir pour l'avenir de Gamba.

Previous pages 254/55: Villages on the lagoon – Setté Cama, left and right, a plantation outpost, center – host small, ephemeral populations. People often shift between villages to follow

Pages précédentes 254/55 : Les petits villages de la lagune (Setté Cama à gauche et à droite, plantation isolée au centre) sont souvent éphémères, leurs habitants passant souvent d'un village à l'autre au gré des attaches familiales et

Gamba is a small magnet: Gabonese from all corners and Africans from other countries come seeking work. A mix of nationals and immigrants run services like shops, taxis, and tailors, sending earnings back to faraway families. Photos top left, bottom left, and above left by Yvonne Lai.

Gamba est un petit pôle d'attraction où convergent Gabonais de tous les coins du pays et Africains des pays voisins en quête de travail. Un mélange de ressortissants et d'immigrants proposent divers services (échoppes, taxis et confection de vêtements), envoyant leurs recettes à leurs familles restées derrière. Photos en haut à gauche, en bas à gauche et ci-dessus à gauche, par Yvonne Lai.

A farmer from Mali hauls water from a nearby stream to irrigate raised beds on his small plantation near Yenzi, a neighborhood of Gamba. Nights are spent with the crops to ward off raiding elephants.

Ce paysan du Mali arrose ses plates-bandes surélevées avec de l'eau puisée dans un ruisseau voisin de sa petite planta-tion de Yenzi, au voisinage de Gamba. Il passe ses nuits près de ses cultures pour en éloigner les éléphants.

Dry season fires burn grasslands
near Gamba.

Savane en proie aux flammes près de
Gamba, durant la saison sèche.

Before school, children carry fresh manioc – a starchy staple – from their home
to sell at market.

Avant d'aller à l'école, les enfants apportent au marché le manioc frais, aliment
de base riche en amidon.

The families of many children in Gamba earn a living directly or secondarily from oil activities. As they grow up, Gabon is seeking alternative ways for them to support future families.

Left: Ibonga – a youth's ecology club – builds environmental awareness in schoolchildren.

All prior photos on these two pages by Yvonne Lai.

Right bottom center: A child holds a pet red-capped mangabey monkey in a village north of Rabi. Wild animals are sometimes semi-domesticated when their parents are killed by hunters or loggers, but rarely live a long or healthy life.

Les familles de nombreux enfants de Gamba tirent leurs revenus directement ou indirectement de l'exploitation pétrolière. Le Gabon tente de diversifier son économie afin qu'ils puissent eux aussi, lorsqu'ils seront adultes, subvenir aux besoins de leurs familles.

Á gauche : Ibonga, un club écologique pour les jeunes, sensibilise les écoliers à l'environnement.

Toutes les photos précédentes sur cette double page ont été prises par Yvonne Lai.

En bas à droite : Un enfant et son animal de compagnie, un cercocèbe à collier blanc, dans un village au nord de Rabi. Les animaux sauvages sont parfois à moitié domestiqués lorsque leurs parents sont tués par des chasseurs ou des bûcherons. Toutefois, rares sont ceux qui vivent longtemps et en bonne santé.

Living on the water – fishing, washing, transporting – in Setté Cama.

L'eau, indispensable à la vie : pêche, lavage, transport, à Setté Cama.

PLANTATION SCHOOL

Commercial agriculture has taken root slowly in Gamba, shadowed by traditional forest plantations of manioc. To encourage farming and increase market produce, reduce forest slash-and-burn, and demonstrate modern agricultural techniques, Shell Gabon began the Plantation School to train people in farming methods and small business development. The site chosen was a once-polluted sandy grassland, which was remediated to prove that spills can be reversed — to be sure, soil and water test clean biannually — and the garden keeps growing.

The training program covered rotating planting systems, modern agricultural skills, and small business development and allowed many trainees to return to their own plots better prepared to make a living. The most aspiring gardeners have expanded their businesses to other cities in Gabon. Today the Plantation School is completely self sus-

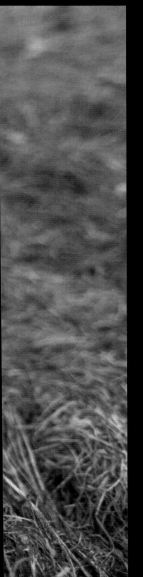

PLANTATION ÉCOLE

Les pratiques de l'agriculture commerciale sont lentes à prendre racine au Gabon, où dominent les plantations traditionnelles de manioc en forêt. Pour encourager la culture et la vente de produits locaux aux marchés, réduire le recours à la culture sur brûlis et démontrer les techniques agricoles modernes, Shell Gabon a créé une Plantation École qui forme les gens aux méthodes d'agriculture et à la création de petites entreprises. L'endroit choisi est une prairie sablonneuse jadis polluée, qui a été rendue à son état antérieur pour prouver que les déversements peuvent être traités (pour s'en assurer, on teste le sol et l'eau deux fois par an)... et le jardin pousse à merveille!

Le programme de formation a couvert les systèmes de rotation de cultures, les exigences de l'agriculture moderne et la création de petites entreprises, et a permis aux stagiaires de retourner à leurs lopins mieux équipés pour en tirer leur subsistance. Les jardiniers les plus ambitieux ont élargi leurs activités à d'autres villes du Gabon. De nos jours, la Plantation École est une coopérative entièrement auto-suffisante dirigée par quatre partenaires. La vente aux marchés et aux particuliers des légumes du jardin (laitue, tomates, melons, poivrons, aubergine, etc.) montre la voie du développement durable.

Manioc, or cassava, is a favorite in Gabon. The tuber is grated and cooked into a paste, leaf-wrapped in batons, and served with fish, bushmeat, bananas, or chopped manioc leaf greens. Palm wine, bottom left, is tapped from a tree, and dough balls are boiled over fire (both photos by Yvonne Lai).

Le manioc, ou cassave, est très prisé au Gabon. Ses racines tubéreuses, râpées et cuites en pâte, sont enroulées en cylindres dans des feuilles et servies avec du poisson, de la viande sauvage, des bananes ou des feuilles de manioc vertes hachées. Le vin de palme est extrait de la sève de l'arbre et des boulettes de pâte sont bouillies (les deux premières photos du bas, à gauche, sont d'Yvonne Lai).

A homemade rod and a little hook: fishing among boats docked in Mayonami, near the mouth of the Nyanga River.

Une canne à pêche de fortune et un petit hameçon suffisent pour taquiner le poisson entre les embarcations dans le port de Mayonami, près de l'embouchure de la rivière Nyanga.

Lucienne Pemba collects dry laundry by her house in Plaine I, Gamba.

Lucienne Pemba ramasse son linge sec, près de sa maison de Plaine I, à Gamba.

A young girl bathes her sister.

Une jeune fille donne un bain à sa soeur.

Seven-year-old Cillia scrubs laundry outside her family's home where she lives with 10 sisters, 12 brothers, and 2 mothers.

Cillia, sept ans, lave du linge à l'extérieur de la maison familiale où elle vit avec ses 10 soeurs, 12 frères et 2 mères.

ECOTOURISM

Ecotourism encompasses a wide range of responsible travel to natural areas that promote environmental conservation and sustain the well-being of local people: bird-watching, wilderness backpacking, wildlife safaris, and cultural, educational, and research programs. Correctly done, ecotourism can contribute to local economies and wildlife conservation efforts while educating and stimulating tourists with a unique exposure to another world.

In Gabon, declining oil revenues will not be easily replaced, but government foresight in creating national parks helps assure a base for high-quality ecotourism. Careful development of park regulations, infrastructure, tourist services, ecoguards, and ecoguides will help balance ecotourism with protection — and welcome visitors for an unforgettable experience while keeping parks wild.

Near Gamba, visitors can discover coastal wildlife, observe migrating whales and birds, catch record game fish, and explore primary rainforest. Hoped to be an ecotourist hotspot, accommodations allow tourists to mix comfort and adventure.

Autour de Gamba, le visiteur peut découvrir la faune côtière, observer baleines et oiseaux migrateurs, capturer au lancer des poissons de taille record et explorer la forêt tropicale humide. Disséminés à des sites clés, des pavillons modernes permettent aux touristes de conjuguer aventure et confort.

L'ÉCOTOURISME

L'écotourisme comprend une large gamme d'activités de découverte des territoires naturels qui mettent en valeur la conservation de l'environnement et favorisent le mieux-être des populations locales : observation des oiseaux, expéditions dans la nature, safaris et programmes culturels, universitaires et scientifiques. S'il est bien géré, l'écotourisme peut profiter à l'économie locale et aux efforts de conservation de la nature, tout en sensibilisant et en émerveillant les touristes qu'il expose à un univers extraordinairement différent.

Au Gabon, les revenus déclinants de l'exploitation pétrolière ne seront pas facilement remplacés. Heureusement, le gouvernement a fait preuve de prévoyance en créant des parcs nationaux, jetant les bases d'un écotourisme de calibre international. Le pays se dote d'une réglementation pour équilibrer les impératifs de l'écotourisme et ceux de la conservation, et travaille actuellement à former des eco-gardes et des eco-guides, à mettre en place des circuits et des installations touristiques, afin de bien accueillir les visiteurs tout en préservant la nature sauvage.

Elders solemnly grieve the loss of a sister; family gathered in Gamba, then on the island of Mougambi for a week-long mourning. Preparing for Mougambi, an antelope-hide sitar is strummed by its maker. An old music hand for 30 years, he says he is the only sitar player in the area.

Des anciens pleurent la perte d'une soeur. La famille s'est réunie à Gamba, puis se rendra sur l'île de Mougambi pour observer un deuil d'une semaine. En préparation pour Mougambi, un homme gratte la cithare qu'il s'est fabriquée en peau d'antilope. Musicien local depuis 30 ans, il est, selon ses dires, le seul joueur de cithare de la région.

Magical and medicinal rites figure strongly in traditional culture, with spiritual beliefs grounded in nature. A ceremonial leader plays the horn of a forest antelope in a healing ceremony using iboga and other plants. Iboga, whose bitter roots induce "voyages" to the ancestral world, is being tested in the western world as a remedy for drug addiction. Photo by Troy Inman.

Les rites magiques et médicinaux occupent une place importante dans la culture traditionnelle, dont les croyances spirituelles sont ancrées dans la nature. Un guérisseur souffle dans une corne d'antilope de forêt au cours d'une cérémonie de cure par les plantes. L'une de celles-ci, l'iboga, dont les racines amères provoquent des « voyages » dans le royaume ancestral, fait l'objet de tests en Occident pour le traitement des toxicomanies. Photo par Troy Inman.

Araneidae gasteracanthinae

The intricate spiny spider, seen commonly in Moukalaba-Doudou National Park, spins webs a few meters off the ground. Spiders, with eight legs, and insects, with six legs, both contribute to the group generally known as arthropods, which also includes crustaceans, scorpions, and millipedes.

L'araignée épineuse, communément rencontrée dans le parc national de Moukalaba-Doudou, tend sa toile à plusieurs mètres au-dessus du sol. Les araignées, avec quatre paires de pattes, et les insectes, avec trois, font partie de l'embranchement des arthropodes, qui comprend aussi les crustacés, les scorpions et les mille-pattes.

ARTHROPODS

Given that more than half — nearly 1 million of the 1.75 million — of all species known on Earth are insects, it is not surprising that insects comprise the bulk of species recorded at the Gamba Complex: to date, over 1,000. From ants, grasshoppers, beetles, spiders, and scorpions to moths, wasps, bees, and many more, the Complex contains a wide variety of arthropods, and specifically insects, that act as decomposers of detritus, soil builders, pollinators, population control agents, and prey for birds, reptiles, amphibians, fishes, mammals, and even other insects.

A year-long study focused on insect diversity in four major habitat types around Gamba: old secondary forest, young secondary forest, plantations, and savannas at oil wells. Researchers determined differences in insect diversity in areas of human influence, created a baseline of insect data for all seasons at a variety of sites, trained insect parataxonomists, and initiated arthropod reference collections.

It is a relatively easy task to sample arthropods using tools such as finely netted malaise or tent traps for flying insects or pitfall traps buried in the ground for terrestrial species. But processing the massive amount of specimens that result from the sampling effort is daunting. The traps are so effective that the arthropod team operated them only on weekends, from Friday to Monday. Every Monday, upward of 12,000 insects in the traps needed to be identified. Identification of insects depends on scrutinizing microscopic morphological detail and learning to differentiate them into taxonomic groups. Every week, about 600 specimens were prepared, labeled, stored, and entered into the master database for analysis.

By the end of the assessment, the team had examined more than 440,000 insects, many of them professionally prepared as specimens in the lab's reference collection to serve Gabon and the scientific community. Twenty-six insect groups targeted for more intense study are under investigation by specialists around the world.

LES ARTHROPODES

Vu que plus de la moitié (environ 1 million sur 1,75 millions) de toutes les espèces connues sur la Terre sont des insectes, il n'est pas étonnant qu'ils constituent la grande majorité des espèces signalées dans le Complexe de Gamba, soit plus d'un millier à ce jour. Avec ses fourmis, sauterelles, coléoptères, araignées, scorpions, papillons, guêpes, abeilles et autres, le Complexe abrite une étonnante variété d'arthropodes, et plus spécifiquement d'insectes, qui accélèrent la décomposition des détritus, enrichissent le sol, pollinisent les plantes, participent au contrôle des populations et sont les proies d'oiseaux, de reptiles, d'amphibiens, de poissons, de mammifères et même d'autres insectes.

Pendant toute une année, on a étudié la diversité des insectes dans quatre grands types d'habitats du secteur de Gamba : la vieille forêt secondaire, la jeune forêt secondaire, les plantations et les savanes entourant les puits de pétrole. Les scientifiques ont cherché à déterminer des différences de diversité dans les zones d'activité humaine, créé une base de référence sur les insectes de divers sites selon les saisons, formé des parataxonomistes d'insectes et entrepris des collections de référence d'arthropodes.

Il est relativement facile de recueillir des arthropodes : pour les insectes volants, on se sert de pièges malaises à fines mailles, tandis qu'on capture les espèces terrestres dans des pièges à fosse. C'est le traitement des quantités considérables de spécimens ramenés par cet échantillonnage qui pose des défis considérables. Les pièges sont si efficaces que l'équipe d'étude des arthropodes a décidé de ne les utiliser que du vendredi au lundi. Tous les lundis, il a fallu recueillir et identifier jusqu'à 12 000 insectes capturés par ces pièges. L'identification des insectes nécessite l'observation de détails microscopiques et les connaissances requises pour les classer dans leur ordre taxonomique. Chaque semaine, quelque 600 espèces ont été préparées, étiquetées, entreposées et introduites dans une base de données permanente pour être analysées.

À la fin de l'étude, l'équipe avait examiné plus de 440 000 insectes et en avait préparé de nombreux spécimens de façon professionnelle pour la collection de référence du laboratoire, destinée à servir aux Gabonais et à la communauté scientifique. Quelque 26 groupes d'insectes ciblés pour une recherche plus approfondie font présentement l'objet d'études par des spécialistes du monde entier.

BIODIVERSITY

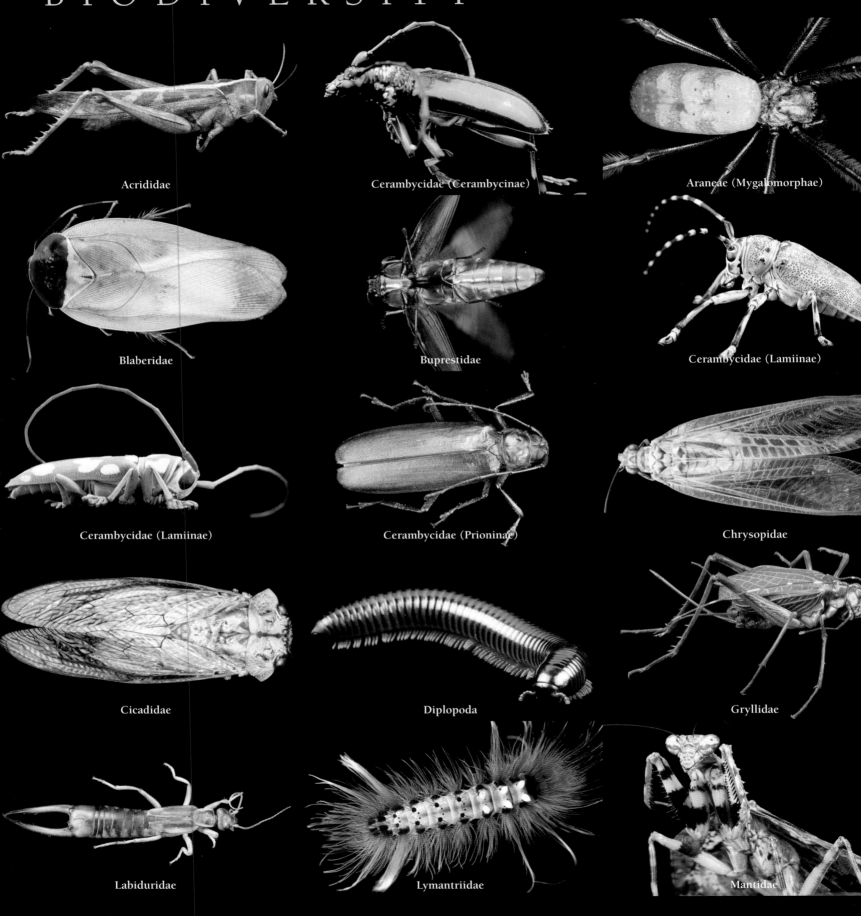

Acrididae

Cerambycidae (Cerambycinae)

Araneae (Mygalomorphae)

Blaberidae

Buprestidae

Cerambycidae (Lamiinae)

Cerambycidae (Lamiinae)

Cerambycidae (Prioninae)

Chrysopidae

Cicadidae

Diplopoda

Gryllidae

Labiduridae

Lymantriidae

Mantidae

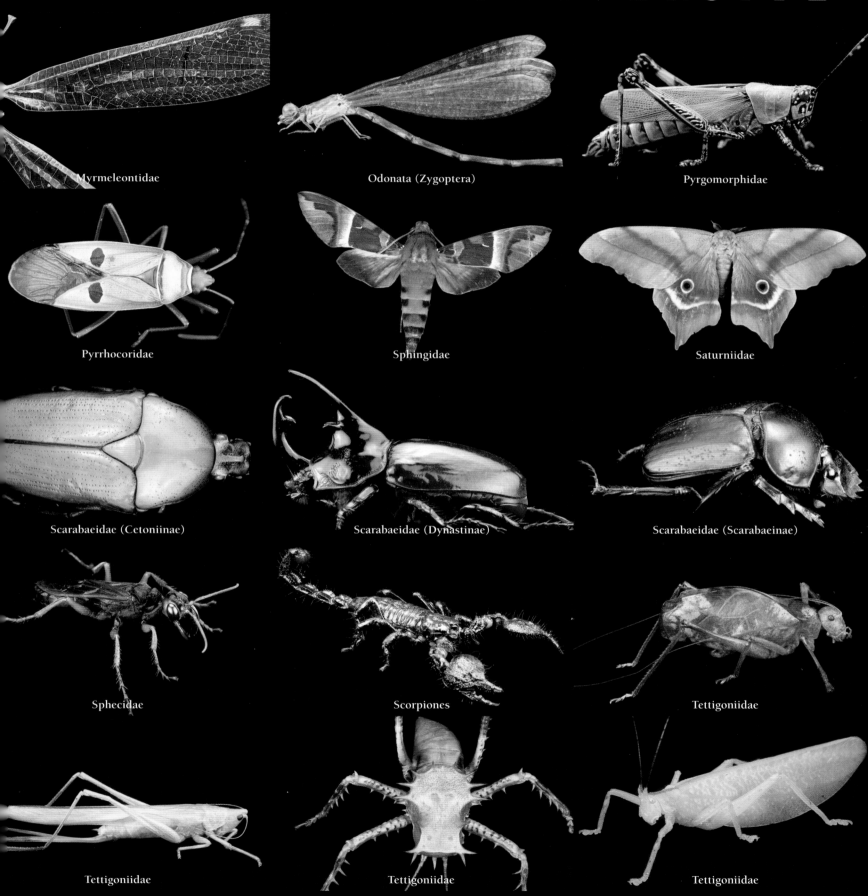

Myrmeleontidae

Odonata (Zygoptera)

Pyrgomorphidae

Pyrrhocoridae

Sphingidae

Saturniidae

Scarabaeidae (Cetoniinae)

Scarabaeidae (Dynastinae)

Scarabaeidae (Scarabaeinae)

Sphecidae

Scorpiones

Tettigoniidae

Tettigoniidae

Tettigoniidae

Tettigoniidae

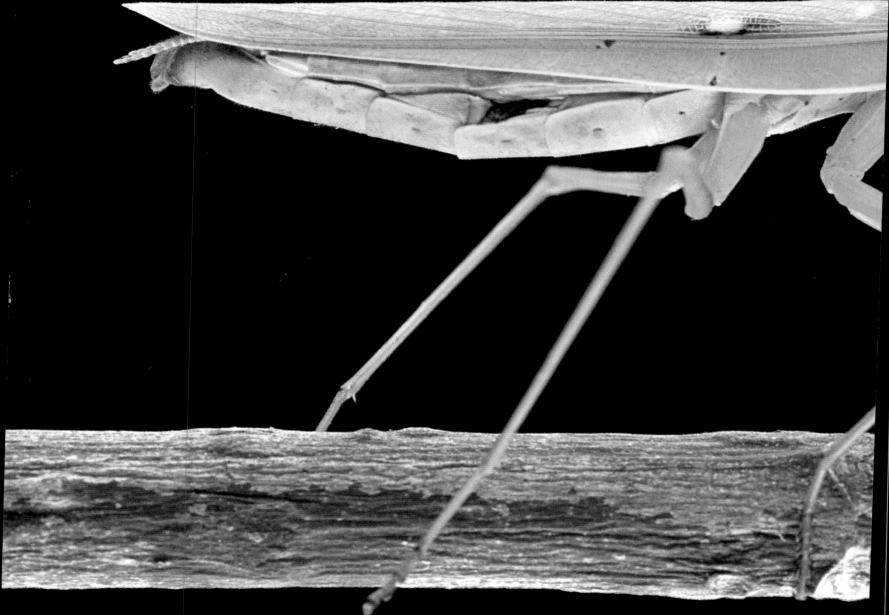

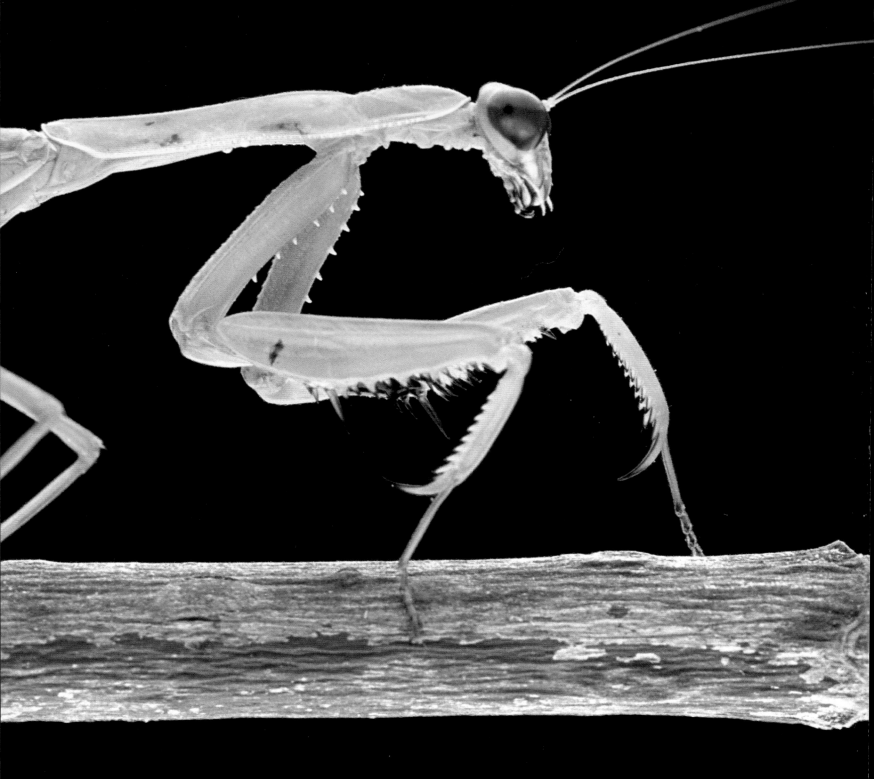

Mantidae

With its front legs bent as in prayer, the long-legged praying mantis waits for hours among leaves for an insect to pass. Then, in a blink of an eye, it projects its front legs, armed with rows of sharp spines, to impale its unsuspecting victim in a deadly clasp.

Dissimulée parmi le feuillage, ses pattes avant repliées comme pour la prière, la mante religieuse attend patiemment le passage d'un insecte. Alors, en un clin d'œil, elle projette les mêmes pattes, garnies de rangées d'aiguillons acérés, pour empaler sa victime insouciante dans son étreinte mortelle.

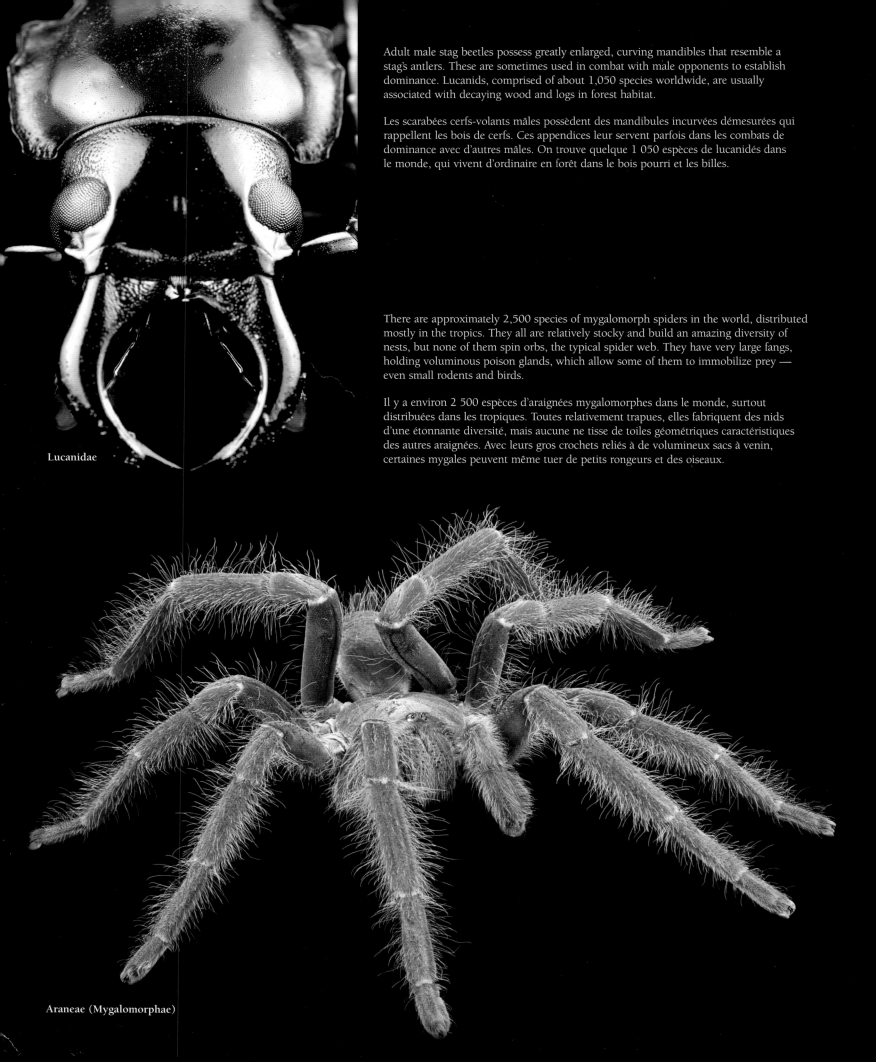

Adult male stag beetles possess greatly enlarged, curving mandibles that resemble a stag's antlers. These are sometimes used in combat with male opponents to establish dominance. Lucanids, comprised of about 1,050 species worldwide, are usually associated with decaying wood and logs in forest habitat.

Les scarabées cerfs-volants mâles possèdent des mandibules incurvées démesurées qui rappellent les bois de cerfs. Ces appendices leur servent parfois dans les combats de dominance avec d'autres mâles. On trouve quelque 1 050 espèces de lucanidés dans le monde, qui vivent d'ordinaire en forêt dans le bois pourri et les billes.

There are approximately 2,500 species of mygalomorph spiders in the world, distributed mostly in the tropics. They all are relatively stocky and build an amazing diversity of nests, but none of them spin orbs, the typical spider web. They have very large fangs, holding voluminous poison glands, which allow some of them to immobilize prey — even small rodents and birds.

Il y a environ 2 500 espèces d'araignées mygalomorphes dans le monde, surtout distribuées dans les tropiques. Toutes relativement trapues, elles fabriquent des nids d'une étonnante diversité, mais aucune ne tisse de toiles géométriques caractéristiques des autres araignées. Avec leurs gros crochets reliés à de volumineux sacs à venin, certaines mygales peuvent même tuer de petits rongeurs et des oiseaux.

Lucanidae

Araneae (Mygalomorphae)

Of the 1,300 scorpion species known worldwide, only 20 are considered lethal to humans – be especially wary of those with a long, fat tail and slender pincers. Many scorpions have a carapace that glows in the dark under UV light.

Des 1 300 espèces de scorpions connues dans le monde, 20 seulement sont considérées mortelles pour l'homme; il y a surtout lieu de se méfier des scorpions à queue longue et enflée et à pinces effilées. Beaucoup de scorpions ont une carapace qui reflète les rayons ultraviolets et luit dans le noir sous un éclairage UV.

Cerambycidae spend most of their lives as larvae growing inside recently fallen trees. Adults, often spectacularly colored, live short lives but long enough to engage in sexual courtship; some never even eat.

Les cérambycidés passent la plus grande partie de leur existence sous forme larvaire dans le bois d'arbres récemment tombés. Les adultes, aux couleurs souvent spectaculaires, ont une vie très courte qu'ils consacrent essentiellement à la recherche et à la séduction d'un partenaire, renonçant même à se nourrir dans certains cas.

Scorpiones

Cerambycidae

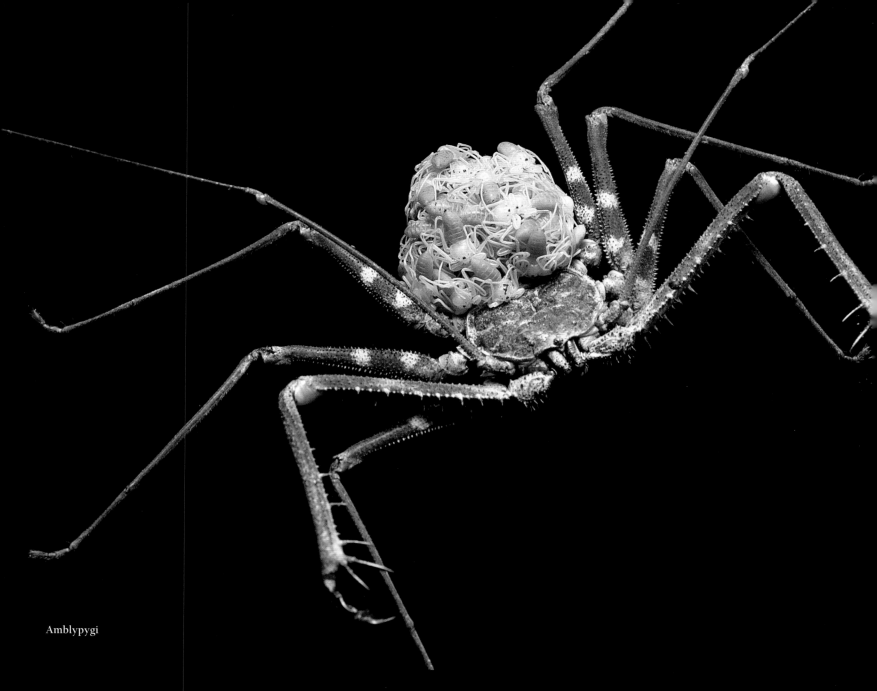

Amblypygi

Above: Nocturnal and very secretive in habit, tailless whip spiders have until recently been greatly neglected by scientists and naturalists. The 60 species known to date are distant relatives of spiders and scorpions but, unlike them, have no silk or poison glands. They are also unique in walking sideways on six legs, a bit like crabs, while using their front whip-like legs to sense their surroundings. Ferocious pincers remain ready to snatch any passing prey.

Ci-dessus : Nocturnes et très discrets, les amblypyges ont été jusque très récemment grandement négligés par les scientifiques et les naturalistes. Les soixante espèces connues aujourd'hui sont de lointaines cousines des araignées et des scorpions mais, contrairement à ces derniers groupes, elles ne disposent ni de glandes à soie ni de glandes à venin. Elles sont aussi uniques pour leur façon de se déplacer de côté sur six pattes, à la façon des crabes, et de tendre leurs pattes antérieures comme des antennes pour tâter les environs, toujours prêtes à saisir une proie de passage avec leurs redoutables pinces.

Right: Caterpillars are larvae of insects in the Order Lepidoptera (butterflies and moths). In addition to the six true legs that they, as well as all insects, have, caterpillars uniquely have up to ten prolegs. Some caterpillars turn into butterflies, but most turn into moths.

Á droite : Les chenilles sont les larves d'insectes de l'ordre des lépidoptères (papillons). En plus de six vraies pattes (caractère partagé avec tous les insectes), les chenilles ont jusqu'à dix fausses pattes ou pseudopodes. La majorité des chenilles se transforment en papillons de nuit.

Limacodidae

RESEARCH
LA RECHERCHE

It takes characteristic leaves, fruits, or flowers to reveal a tree's identity – and, at 30 meters up, it takes binoculars. With only estimates of the number of plant species in Gabon (7,000 to 10,000), there is much to learn about its flora – from diversity and distribution to medicinal uses and wildlife interactions, regeneration, and conservation.

On identifie un arbre grâce aux caractéristiques de ses feuilles, de ses fruits ou de ses fleurs et... à l'aide de jumelles dans le cas des géants de la forêt qui culminent à une trentaine de mètres. Le nombre estimé d'espèces végétales au Gabon oscillant entre 7 000 et 10 000, il y a encore beaucoup à apprendre sur la flore de ce pays, depuis sa diversité et sa distribution jusqu'à ses usages médicinaux, ses interactions avec la faune, sa régénération et sa conservation.

Bird scientists hike north in afternoon rays to investigate a site of Rosy Bee-eaters that burrow in colonies underground. Diurnal bird activity peaks at sunrise, slows over mid-day, then rises again in late afternoon when the skies cool. Researchers adopt the same rhythm.

Des ornithologues marchent vers le nord dans la lumière de l'après-midi, pour aller étudier l'habitat du guêpier gris-rose qui vit en colonies dans des galeries souterraines. Le niveau d'activité des oiseaux diurnes est élevé à l'aube et décroît à mesure que la journée progresse, pour reprendre en fin d'après-midi lorsque le temps se rafraîchit. Les chercheurs suivent donc le même rythme.

At sunset, researchers wait at the forest edge in low voices for darkness to bring on night animals. The sun extinguishes: it's time. Headlamps flip on and enter the forest. As with daytime research, night work takes note of mammal sign like tracks and dung, plus direct observation of nocturnal activities — feeding, resting, or predation by day-shy species. Mammalogists navigate a maze of vines, eyes on thin beams, ears sharp, responding to canopy noise with flashlight searches for orange beads of eyeshine. Alert for the musk of elephants and the rustle of hidden buffalos, lights barely illumine the darkness, yet somehow pick up a pair of electric blue dots emitting from the base of a tree — a dwarf forest antelope, the blue duiker, at rest in the leaves. Nightshot video rolls, a waypoint is taken, and penciled jottings are entered in field notebooks. Documentation: this is why they've come.

Meanwhile, swamp-side, frog choruses raise to midnight. Wading thigh high, ears cupped to distinguish vocalizations, scientists note one intermittent call that is new tonight. Lights go off in wait. The tape recorder spins, honing in on the individual, a male calling to attract mates meters up in a tree. A light switches on and goes after it, quickly shrinking against the enormity of night, returning with a no-name frog in hand, perhaps new to Gabon. At two in the morning the team will return to camp with specimens of little-known snakes and frogs for several hours of laboratory and photographic work, the basis for documenting an abstruse taxa. Discovery: this is what it's about.

In the still-dark hours, predawn coffee brews, and birders strap on tape recorders and binoculars to head into earliest light, peak hours of bird activity. Most forest birds are heard rather than seen, requiring audio recognition and sound tracking; some respond to playback of their own calls. Sightings are recorded, as are data — bird weight, wing length, body size, breeding condition — for catches in fine-meshed nets invisibly strung in the low canopy, giving information on small, secretive species otherwise

Au crépuscule, à l'orée de la forêt, les chercheurs attendent en chuchotant l'éveil des créatures nocturnes. Le soleil disparaît : c'est le moment. Lampes frontales allumées, les chercheurs s'enfoncent sous les arbres. Comme ils le font de jour, ils notent les empreintes et les excréments qui témoignent du passage des mammifères, en plus d'observer directement les activités de nuit (alimentation, repos ou prédation) des espèces cachées au grand jour. L'oreille tendue, les mammalogistes scrutent le fouillis des lianes, attentifs aux minces faisceaux lumineux qu'ils dirigent vers la voûte au moindre bruit, en quête des reflets orangés d'yeux étranges. Alertes, ils guettent l'odeur musquée des éléphants et les bruissements de buffles cachés, leurs lampes trouant à peine l'obscurité et surprenant malgré tout une paire de points bleu électrique au pied d'un arbre : une antilope naine, le céphalophe bleu, repose sur sa litière de feuilles. La caméra vidéo à infrarouge en action, ils relèvent la position et inscrivent à la hâte leurs observations dans leurs carnets. La documentation : voilà pourquoi ils sont ici.

Ailleurs, du côté des marais, le chœur des grenouilles accueille minuit. À mi-cuisse dans l'eau, l'oreille attentive aux vocalisations, les chercheurs remarquent un chant intermittent qui leur est inconnu. Ils attendent, toutes lampes éteintes, magnétophone en marche, concentrés sur cet individu, un mâle en quête de partenaire, caché à quelques mètres dans un arbre. Une lampe s'allume, faisceau insignifiant dans l'énormité de la nuit, et voilà capturée une grenouille sans nom, peut-être pas encore observée au Gabon. À deux heures du matin, l'équipe rentre au camp avec des spécimens de serpents et de grenouilles peu connus. Plusieurs heures de photographie et de travail en laboratoire attendent les chercheurs, tâches indispensables pour l'attestation de taxons obscurs. La découverte : voilà le genre de travail qui la rend possible.

Le café infuse dans la pénombre d'avant l'aube. Les ornithologues, harnachés de jumelles et de magnétophones, attendent ces heures de l'aurore où les oiseaux sont les plus actifs. Pour reconnaître et observer la plupart des oiseaux forestiers, c'est à l'ouïe plutôt qu'à la vue qu'ils doivent se fier. Certaines espèces répondent même aux enregistrements de leurs chants. Les chercheurs notent leurs observations ainsi que diverses données (poids, longueur des ailes, taille du corps, conditions de reproduction) relevées sur des oiseaux capturés dans les filets

difficult to spot. Biodiversity is the whole of life, and elusive, drab organisms count — nondescript Olive Sunbirds and Red-tailed Bristlebills, as well as brilliant, unforgettable hornbills and parrots. Inventorying biodiversity and recording its state are why scientists are here.

As daylight wakes, other teams head to the bush: botanists to inventory trees, ichthyologists to sieve streams, mammalogists to check traplines, entomologists to collect beetles. Teams operate independently, with different axes of study, yet share observations and efforts, increasing the number of eyes on the ground, testing one another, and recalibrating joint work to particular environments. Standardized methodologies, georeferenced data collection, and a library of specimens, photographs, and recordings allow for translation of diverse information into a common, accessible language. Biodiversity studies directly enforce scientific knowledge of a region lacking in information and provide facts about land and wildlife. National park managers, oil field operators, foresters, village fishermen, and ecotourists — all can benefit. It is scientists' hope that this understanding will lead to informed regard and better decisions to conserve waters and forests that support wildlife and people alike.

This is why scientists set out in the pouring rain to study snakes. It is why they walk for hours through biting ant territory carrying brick-sized reference books and microphones. Field research is weeks at a time away from home, little sleep in dripping tents, fungus feet from wet treks, heat, tsetse flies, and mud. Occasional surprises — organisms quickly recognized in the field but often not formally verified until months later in lab settings of museums — motivate fieldwork. Research is the silent witnessing of nesting sea turtles, a lone

aux fines mailles qu'ils ont tendus sous le couvert à l'intention de ces espèces petites et timides autrement quasi impossibles à observer. La biodiversité concerne l'ensemble des créatures vivantes : elle comprend autant les espèces fugaces et ternes comme le souimanga olivâtre et le bulbul moustac à queue rousse que les espèces spectaculaires et inoubliables comme les calaos et les perroquets. Les scientifiques sont dans cette région pour en répertorier la biodiversité et pour en évaluer l'état.

Au lever du jour, d'autres équipes s'aventurent dans la brousse : des botanistes pour recenser les arbres, des ichtyologistes pour passer au crible ses cours d'eau, des mammalogistes pour vérifier les pièges et des entomologistes pour recueillir des coléoptères. Ces équipes mènent leurs diverses recherches séparément, tout en partageant observations et efforts, multipliant le nombre d'observations, se testant les unes les autres et réorientant leurs tâches mutuelles au gré des habitats particuliers. Des méthodologies standardisées, la cueillette de données géoréférencées et une bibliothèque de spécimens, de photos et d'enregistrements permettent de traduire ces divers renseignements en un langage commun et accessible. En se penchant sur l'état de ce territoire et des espèces sauvages qui y vivent, les études de biodiversité enrichissent le savoir scientifique sur une région méconnue, bénéficiant aux gestionnaires de parcs nationaux, aux exploitants de champs de pétrole, aux aménagistes forestiers, aux pêcheurs locaux et aux écotouristes. Les scientifiques souhaitent que ces connaissances permettent une évaluation éclairée et de meilleures décisions sur la conservation des cours d'eau et des forêts qui soutiennent la vie sauvage comme la population.

Voilà pourquoi des chercheurs partent étudier des serpents à la pluie battante. Voilà pourquoi ils cheminent des heures durant dans des territoires infestés de fourmis piqueuses, chargés d'épais manuels de référence et de microphones. La recherche sur le terrain, ce sont des semaines loin de chez soi, à mal dormir dans des tentes qui fuient, la moisissure aux pieds à force d'expéditions dans la boue, sous une chaleur torride, avec les mouches tsé-tsé. À l'occasion, une surprise (un organisme immédiatement reconnu mais dont on n'obtient confirmation que des mois plus tard, dans les laboratoires des musées)

sunrise while surveying forgotten land, the filming of a dwarf crocodile hatching, months over a microscope meticulously classifying insects, preservation of specimens for long-standing museum collections, tracking hippos until they surface from the pockets of mangroves. Afterwards, there are nights of entering and cleaning data, weeks of analysis and writing, months of verifying specimens, editing photos, mapping results, and presenting the findings to various audiences. All of this — the sweat and discovery, vast detail and examination — to document this place, explore its bounds, and add its wisdom to our foundation of knowledge.

donne tout leur sens aux recherches sur le terrain. La recherche, c'est assister silencieux à la nidification des tortues marines, c'est le soleil solitaire à l'aube sur un monde oublié, c'est filmer l'éclosion de crocodiles nains, ce sont des mois de recherches microscopiques méticuleuses à identifier des insectes, c'est la préparation des spécimens qui compléteront les collections de musées prestigieux, ce sont ces pistes qui vous mènent, sous les palétuviers, jusqu'au troupeau d'hippopotames. Puis, il y a ces nuits de saisie et d'élagage de données, ces semaines d'analyse et de rédaction, ces mois d'examen des spécimens, de travail sur les photos, de collation des résultats et de présentation des conclusions à divers auditoires. Et tout cela, ces sueurs et ces découvertes, cet examen follement détaillé, pour rendre compte de ce territoire et en explorer les tréfonds. Et ajouter sa sagesse à notre base de connaissances.

Previous page: Depending on the site, field logistics involve planes, motorboats, quads, 4x4 vehicles, bicycles, canoes, and muddy feet. Conservation pioneer Tom Lovejoy and the Smithsonian's Francisco Dallmeier paddle through leech-thick swamps lining the N'dogo Lagoon towards a field operation in Moukalaba-Doudou National Park during the rainy season.

Pages précédentes : Selon les endroits, le travail sur le terrain nécessite des déplacements en avion, en bateau à moteur, en motocyclettes à quatre roues, en 4X4, en vélo, en canoë, ou à pied. Tom Lovejoy, pionnier en matière de conservation, et Francisco Dallmeier, de la Smithsonian, pagaient dans les marais vaseux qui entourent la lagune N'dogo pour rendre visite aux équipes qui travaillent sur le terrain à la saison des pluies, dans le parc national de Moukalaba-Doudou.

Come rain or shine, field conditions can test strength, patience, tolerance, endurance. They can also test theories, models, hypotheses, and observations, generating better understanding of ecology for the conservation of natural systems. Photo at bottom far left by Troy Inman.

Beau temps, mauvais temps, les conditions sur le terrain mettent à l'épreuve la force, la patience, la tolérance et l'endurance de ceux qui y travaillent. Elles servent aussi de banc d'essai aux théories, aux modèles, aux hypothèses et aux observations qui permettent de mieux connaître les écosystèmes pour favoriser leur conservation. Photo du bas, à l'extrême gauche, par Troy Inman.

Counting scales, measuring specimens, and searching for frogs at night, herpetologists provide first-ever insights on amphibians and reptiles in Gabon.

Compter les écailles, mesurer les spécimens, chercher des grenouilles la nuit : ce sont là des activités auxquelles se livrent les herpétologues, qui sont les tout premiers à étudier en détail les amphibiens et les reptiles du Gabon.

Fish and reptile surveys were conducted in areas in and out of oil's reach to assess environmental impacts on biodiversity.

Des relevés des populations de poissons et de reptiles ont été effectués à l'intérieur et à l'extérieur des zones pétrolifères pour mesurer les impacts de l'exploitation sur la biodiversité.

Teamwork is key. In the field, Smithsonian botanists and plant ecologists worked with botanists and technicians from the National Herbarium of Gabon to survey vegetation plots. Botanical specimens were split among other partner herbaria to share information from a little-visited place.

Le travail en équipe est crucial. Sur le terrain, les botanistes et les phytoécologistes travaillent avec des botanistes et des techniciens de l'Herbier National du Gabon à l'étude de parcelles de végétation. Les spécimens botaniques ont été répartis entre divers herbiers partenaires qui profitent tous ainsi des renseignements recueillis en un lieu peu visité.

Bird research reveals patterns in diversity, distribution, biology, and ecology – and provides a baseline for potential ecotourism projects for birders in the national parks.

Les recherches ont révélé des récurrences sur les plans de la diversité, de la distribution, de la biologie et de l'écologie des oiseaux, jetant les bases d'éventuels projets d'écotourisme pour les ornithologues amateurs dans les parcs nationaux.

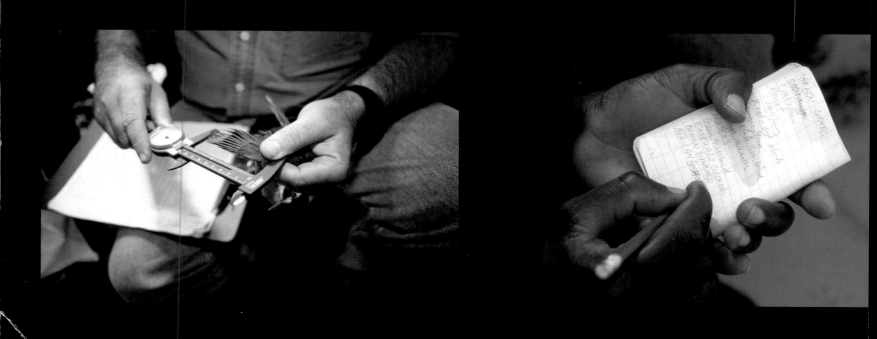

From the world's largest terrestrial mammal, the elephant, to a miniscule shrew, Smithsonian mammal researchers employed many techniques to document animals that vary widely in behavior, activity, habitat, and state-of-knowledge. Whether focusing in on DNA or getting the big picture about animals hunted by villagers, researchers hope their findings are ultimately used to conserve the creatures they study.

Que ce soit pour l'éléphant, le plus grand mammifère de la planète, ou pour la minuscule musaraigne, les mammalogistes de Smithsonian ont eu recours à de multiples techniques permettant de décrire des créatures aux mœurs, aux activités et aux habitats divers, et souvent méconnus. Qu'ils analysent l'ADN ou répertorient les animaux tués par les villageois, les scientifiques espèrent que leurs trouvailles serviront à assurer la survie des créatures qu'ils étudient.

A CLOSER LOOK

BIODIVERSITY CONSERVATION RESEARCH CENTER

When Smithsonian scientists first arrived in Gamba, they inherited an abandoned discotheque in an old Shell camp called Vembo just outside town. With fresh paint, computers, and microscopes, the disco was soon transformed to a laboratory, training base for arthropod parataxonomists (insect specialists), and first-time natural history collections for Gabon.

The laboratory has produced a significant dataset for insect diversity and reference collections for central Africa, has served as the Smithsonian base of operations for many field expeditions, and has hosted government officials, industry leaders, community members, school groups, and an international cadre of scientists and museum specialists.

Vembo shows great potential to become an education outreach center for schools, ecotourists, and communities; a scientific training base for students and ecoguides; a museum, lab, and data center for scientists and technicians; and a conference center to bring together diverse groups on relevant conservation-minded topics. The Biodiversity Conservation Research Center holds opportunities to raise the level of cooperation for science, conservation, sustainable development, and partnerships in the Gamba Complex.

The seed has sprouted.

CENTRE D'ÉTUDES POUR LA CONSERVATION DE LA BIODIVERSITÉ

À leur arrivée à Gamba, les chercheurs de la Smithsonian ont hérité de la discothèque abandonnée d'un ancien camp de Shell (Vembo), juste en dehors de la ville. Repeinte à neuf, équipée d'ordinateurs et de microscopes, la discothèque est vite devenue laboratoire, centre de formation pour parataxonomistes des arthropodes (spécialistes des insectes) et siège de la première collection d'histoire naturelle du Gabon.

Le laboratoire a réalisé d'importants ensembles de données sur la diversité des insectes, a assemblé des collections de référence pour l'Afrique centrale, a servi de base d'opérations à nombre d'expéditions sur le terrain et de présentations de la Smithsonian et a accueilli des dignitaires gouvernementaux, des chefs de file de l'industrie, des gens de la collectivité, des groupes scolaires et une brochette de scientifiques et de muséologues de partout dans le monde.

On trouve à Vembo tout ce qu'il faut pour en faire un centre de diffusion du savoir pour les écoles, les écotouristes et les populations locales; un centre de formation pour étudiants et écoguides; un musée, un laboratoire et un centre de données pour chercheurs et techniciens; et un centre de conférence où divers groupes peuvent venir échanger sur des thèmes liés à la conservation. Le Centre d'études pour la conservation de la biodiversité a de solides chances d'élever le niveau de coopération à l'égard de la recherche scientifique, de la conservation, du développement durable et des partenariats dans le Complexe de Gamba.

La semence a germé.

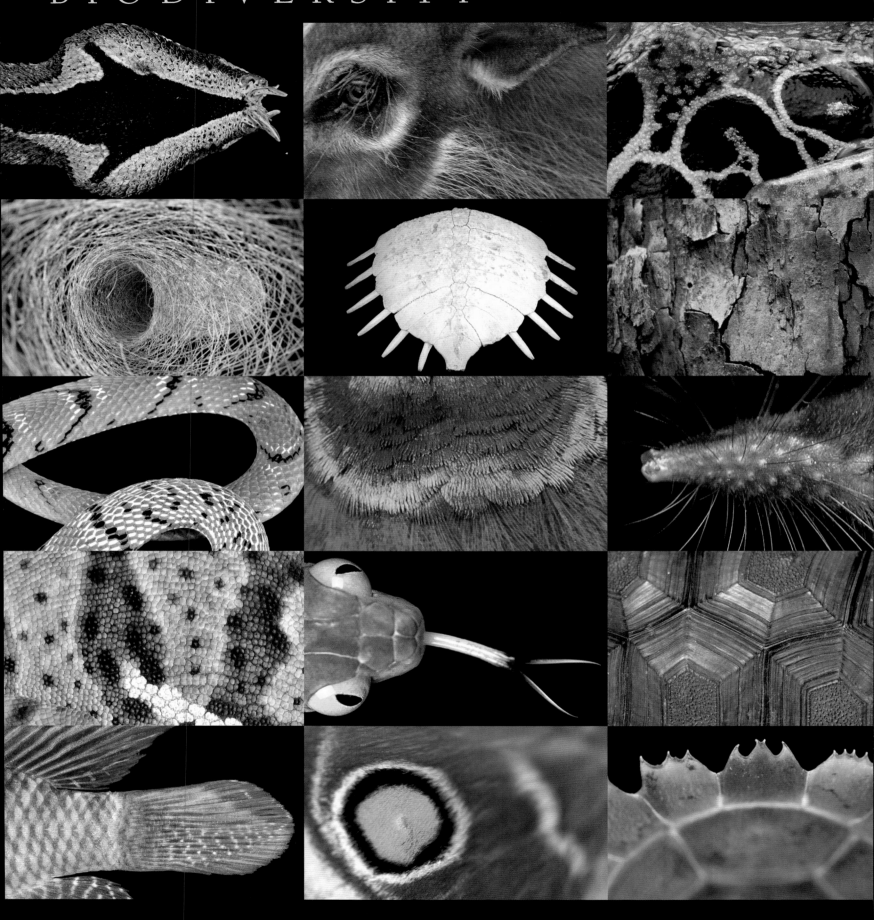

LOOKING AHEAD • CAP SUR L'AVENIR

Reviewing the pages of this book reminds me of our good fortune in working with a talented international team of researchers, especially our Gabonese friends, in the Gamba Complex and of recent conservation achievements in Gabon. The country is in a strong position to map a sound course for its rich storehouse of biodiversity.

We are grateful to partners, including the governments of Gabon and the United States, as well as Shell Group, for the opportunity to increase and diffuse scientific knowledge of the Gamba region, profiling little-known creatures like the golden mole and "two-headed snake" to illustrate the ecological richness of this edge of Africa.

It is our hope that the scientific discoveries and new knowledge of biodiversity unveiled through this work will serve as a source of inspiration to the many people who are and will be leading conservation efforts in Gabon and central Africa. It is also our privilege to promote successful partnerships with industry to keep best practices for biodiversity and energy needs in balance.

I take pleasure in sharing this glimpse of Gabon, a truly exceptional part of the world, with you. May continued efforts at understanding its wildness help bring value to the people of Gabon — indeed, to all people — for eras to come.

En parcourant les pages de ce livre, je ne puis m'empêcher de penser à la chance que nous avons de travailler avec une équipe internationale de chercheurs compétents, plus particulièrement nos amis gabonais, dans le Complexe de Gamba, ainsi qu'aux réalisations accomplies dernièrement au Gabon dans le domaine de la conservation. Le pays est bien placé pour se doter d'un plan qui lui permettra de gérer judicieusement dans l'avenir sa riche réserve de diversité biologique.

Nous sommes reconnaissants aux partenaires, et notamment aux gouvernements du Gabon et des États-Unis ainsi qu'au Groupe Shell, grâce à qui nous avons pu accroître et diffuser nos connaissances scientifiques sur la région de Gamba, en établissant le profil d'animaux mal connus, comme la taupe dorée et le boa de Calabar, pour montrer la richesse écologique de cette région côtière de l'Afrique.

Nous espérons que les découvertes scientifiques et les nouvelles connaissances sur la biodiversité exposées dans ce livre et dans d'autres publications sauront inspirer les nombreuses personnes qui sont chargées aujourd'hui, et qui le seront demain, de la réalisation des activités de conservation au Gabon et en Afrique centrale. Nous avons également l'occasion de promouvoir la création de partenariats fructueux avec l'industrie afin de garder un juste équilibre entre les pratiques exemplaires favorisant la biodiversité et les besoins énergétiques.

Je suis très heureux de vous faire profiter de ce coup d'œil sur le Gabon, une région du monde particulièrement exceptionnelle. Que les efforts soutenus déployés pour comprendre sa nature sauvage puissent contribuer à l'enrichissement du peuple gabonais — et de tous les peuples — pour les siècles à venir.

Francisco Dallmeier
Director, Monitoring and Assessment of Biodiversity Program
Directeur, Programme d'évaluation et de surveillance de la biodiversité
Smithsonian Institution

Conserving the natural environment of Gabon, beautifully depicted in this book, is critically important to the people of central Africa and also has global significance.

To save it as an ecosystem, for the benefit of current and future generations, an historically unprecedented agreement has been reached among concerned international organizations and governments, non-governmental actors and firms, known as the Congo Basin Forest Partnership (CBFP).

The Government of Gabon is providing regional environmental leadership on behalf of this endeavor. We are also grateful that the Smithsonian Institution is a member of the CBFP team. Through its field research, the Smithsonian is laying the scientific foundation for an emerging network of national parks and protected areas and well-managed forests, which will be fortified by new economic opportunities for the nearby communities intended to improve their livelihoods. In addition, the Smithsonian has pioneered in the mobilization of new investment resources by forging new public-private cooperative programs, now dedicated to maintaining Gabon's amazing biodiversity. As a result, we have every reason to believe that this country's flora and fauna can be both preserved, in all its magnificence, while it is being developed in an environmentally sustainable way.

On behalf of the U.S. Embassy and its staff, therefore, I want to convey my congratulations for the truly impressive accomplishment this survey of Gabon's natural beauty represents. I am also pleased to convey our appreciation, as a fellow partner, for the daily sacrifices that Smithsonian personnel are making on behalf of this uniquely important conservation campaign. You are each truly making a difference in our collective efforts to save the Congo Basin.

Conserver l'environnement naturel du Gabon, tel que splendidement représenté dans ce livre, est primordial pour les populations d'Afrique centrale et revêt également une signification d'intérêt global.

Pour le préserver en tant qu'écosystème, au bénéfice de générations présentes et futures, un accord historiquement sans précédent a été conclu entres les gouvernements et les organisations internationales concernées, les firmes et les acteurs non gouvernementaux, accord connu sous le nom du Partenariat des Forêts du Bassin du Congo.

A cet effet, le Gouvernement gabonais fait preuve de leadership régional en matière d'environnement. Nous sommes aussi reconnaissants à la Smithsonian Institution d'être un membre de l'équipe du Partenariat. Par ses recherches sur le terrain, la Smithsonian met en place les bases scientifiques nécessaires pour la création d'un réseau de parcs nationaux, d'aires protégées et de forêts bien gérées, qui sera renforcé par diverses occasions de développement économique qui permettront aux communautés locales de rehausser leur niveau de vie. De plus, la Smithsonian a innové en mobilisant de nouvelles sources d'investissement par la création de nouveaux programmes de coopération entre les secteurs public et privé, maintenant consacrés au maintien de la grande biodiversité du Gabon. En conséquence, nous avons toutes les raisons de croire que la faune et la flore de ce pays peuvent être conservées, dans toute leur splendeur, tout en étant exploitées d'une manière écologiquement durable.

Au nom de l'Ambassade des États-Unis, de son personnel, et en mon nom propre, je voudrais par conséquent souligner la réalisation impressionnante que représente cette étude de la beauté naturelle du Gabon. J'aimerais également vous adresser nos remerciements, en tant que partenaire, pour les sacrifices quotidiens réalisés par le personnel de la Smithsonian Institution dans le cadre de cette unique et importante campagne de conservation. Votre engagement individuel est un élément important de l'effort collectif que nous menons pour la préservation du Bassin du Congo.

Kenneth P. Moorefield
U.S. Ambassador to the Republic of Gabon
Ambassadeur des États-Unis au Gabon

NOTES SUR LA PHOTOGRAPHIE

Pour décrire cette région étonnamment complexe, on a fait appel à diverses techniques, depuis les photos aériennes de reliefs jusqu'aux microphotographies d'insectes. Chacune a présenté ses propres défis et exigé des adaptations novatrices. On peut répartir la photographie en deux types de base : la photo documentaire et la photo en studio.

LA PHOTO DOCUMENTAIRE a capturé la lumière naturelle des instants de vie à mesure qu'ils se produisaient.

Photos aériennes
La photographie aérienne donne une perspective utile sur un territoire, révélant les points de contact et les liens entre les habitats. Cette technique a été particulièrement importante pour le Gabon, où les écosystèmes se caractérisent par une mosaïque de littoral, de savanes, de plans d'eau et de forêt. Ces photos ont été captées depuis des pylônes radio et la porte de soute d'un Cessna 182 volant à basse altitude.

Appareils-photos à déclenchement automatique
Bien des animaux sont craintifs ou nocturnes, ce qui les rend très difficiles à saisir par des méthodes traditionnelles. Avec un appareil à déclenchement automatique, activé par les passages devant un rayon infrarouge, l'animal prend sa propre photo. Scientifiques et chasseurs ont recours à cette technique depuis des années pour vérifier la présence d'animaux sur des sentiers. Si ces photos sont utiles à l'identification, elles n'ont pas la qualité requise pour la publication. Pour obtenir des résultats de haute qualité, j'ai adapté des unités Trail Master pour qu'elles actionnent des appareils-photos et des éclairs électroniques Nikon professionnels. Le travail avec de tels systèmes est fastidieux, laborieux et semé de risques : certaines de mes unités ont été submergées par des crues, écrasées par la chute de branches et molestées par des gorilles. Malgré tout, elles ont produit des clichés qu'il aurait été impossible d'obtenir autrement.

Paysages, animaux et personnes
L'objectif était de capturer l'essence de l'endroit, que ce soit un effet de lumière sur un paysage, la posture d'un éléphant ou le regard d'un enfant. J'ai donc adopté une approche documentaire, toujours à la recherche du moment qui mettrait le lieu en relief. Pour les paysages, j'ai choisi des scènes représentatives et attendu l'éclairage adéquat. Pour les animaux, j'ai étudié les mouvements, essayé de prévoir où j'aurais les meilleures chances de les observer et recherché le bon éclairage et l'emplacement qui donne une idée de l'habitat. Dans le cas de plusieurs clichés, il a fallu attendre des heures dans des caches conçues spécifiquement à cette fin ou installer des appareils à déclenchement automatique. Pour les personnes, je me suis promené dans les villes et les villages en évitant de trop me faire remarquer et en faisant toujours preuve de respect. J'ai trouvé que j'étais accepté et mieux accueilli après plusieurs visites ou quand j'étais présenté par un ami ou une connaissance. Toutes les personnes illustrées dans le livre m'ont autorisé à les photographier.

Pour **LA PHOTO EN STUDIO**, qu'on reconnaît à ses fonds noirs, j'ai extrait mes sujets de leur environnement naturel et les ai éclairés au moyen d'éclairs électroniques. Ce contrôle m'a permis de rendre compte systématiquement de la grande variété d'animaux décrits par les chercheurs dans diverses zones du territoire. En uniformisant le style des photos, j'ai pu me concentrer sur mes sujets pour faciliter les comparaisons entre les formes de vie et créer une présentation collective de la biodiversité. En oeuvrant de près avec les chercheurs, j'ai pu photographier maintes espèces qu'on n'avait jamais saisies vivantes, dont certaines étaient auparavant inconnues de la science. La banque d'images sur la biodiversité qui en a résulté est la plus riche du genre en Afrique centrale.

Micro-studio modulaire
Pour illustrer les détails de la biodiversité, j'ai conçu un petit studio constitué de deux à quatre sources de lumière diffuse et d'une toile de fond en velours noir. Pour me donner un peu de polyvalence, j'ai conçu des blocs d'alimentation à intensité variable qui m'ont permis de recourir au courant de 110/240 volts, à des piles AA ou à une batterie d'auto de 12 volts chargée au moyen de panneaux solaires. Grâce à cette installation, j'ai pu photographier la plupart des reptiles, des amphibiens, des insectes et des petits mammifères illustrés dans le livre.

Studio des oiseaux
Pour photographier les oiseaux dans un cadre de studio, j'ai fabriqué un enclos selon le concept décrit par John S. Dunning dans *Portraits of Tropical Birds*. Mon studio était fait de toile blanche et de tubes d'aluminium pour créer un enclos rectangulaire de trois mètres de long par un mètre de hauteur, avec une ouverture pour la caméra à l'avant et un arrière-plan amovible. Quand les ornithologues avaient fini d'examiner un oiseau capturé au filet, je le plaçais dans le studio où il se posait sur la seule branche disponible. De derrière la toile translucide, quatre éclairs électroniques éclairaient la scène. Une fois photographié, l'oiseau peut être relâché dans la forêt.

Difficultés liées aux tropiques
À Gamba, le soleil ne brille en moyenne qu'un jour sur trois. Un bon éclairage est une bénédiction quand il survient, mais le climat est fantasque et difficile à prévoir. Le faible éclairage qui règne en temps normal suppose le recours à de lourds trépieds et à des objectifs rapides. En outre, les animaux de la forêt tropicale humide sont très timides, et même les énormes éléphants et hippopotames sont difficiles à localiser. Il faut beaucoup de patience, car les progrès sont lents. La forte humidité et les averses constantes mettent l'équipement à dure épreuve. Sur le littoral, c'est contre l'air salin et le sable soulevé par le vent qu'il faut le protéger. Pour que les appareils-photos restent en état de fonctionner, il a fallu les entreposer avec des déshydratants dans des boîtes hermétiques.

Équipement photographique
J'utilise des caméras Nikon (35 mm et numériques reflex à un objectif), avec des objectifs de 20 à 600 mm. Les objectifs macro (60 mm, 100 mm et 200 mm), qui permettent les gros plans et les forts grossissements, sont les pierres angulaires de ma photographie en studio. Autrement, mes objectifs favoris sont le 600 mm à f:4 pour les animaux, et le 28 mm à f:1.4 et le 35 mm à f:2 pour les portraits. Comme pellicule, j'ai recours au film Velvia 50 de Fuji et au film E100G/GX de Kodak, souvent forcé d'un cran.

Carlton Ward Jr.

Barnes, J.F. 1992. *Gabon: Beyond the Colonial Legacy*. Westview Press, San Francisco.

Dunning, J.S. 1970. *Portraits of Tropical Birds*. Livingston Publishing Company, Wynnewood, PA.

Eltringham, S.K. 1999. *The Hippos*. Academic Press Ltd., London.

Farmer, D., ed. 2000. *A First Look at Logging in Gabon*. World Resources Institute, Washington DC.

IUCN. 2002. 2002 *IUCN Red List of Threatened Species*. www.redlist.org. February 2003.

Kingdon, J. 1997. *The Kingdon Field Guide to African Mammals*. Academic Press Ltd., London.

Labott, E. 2002. *Powell Promotes Peace, Sustainable Development in Africa: Visits Angola, Gabon's Rainforests*. www.cnn.com/2002/WORLD/africa/09/05/powell.angola

Martin, C. 1991. *The Rainforests of West Africa*. Birkhäuser Verlag, Basel.

Patterson, K.D. 1971. *The Mpongwe and the Orungu of the Gabon Coast 1815-1875: The Transition to Colonial Rule*. PhD dissertation, Stanford University, Stanford, CA.

Quammen, D., and M. Nichols. 2002. *Megatransect 3: End of the line*. National Geographic Magazine, August.

Quammen, D., and M. Nichols. 2003. *Saving Africa's eden*. National Geographic Magazine, September.

Robinson, J.G., and E.L. Bennet, eds. 2000. *Hunting for Sustainability in Tropical Forests*. Columbia University Press, New York.

Stafford-Deitsch, J. 1996. *Mangrove the Forgotten Habitat*. Immel Publishing Ltd., London.

Strieker, G. 2003. *New wildlife parks in Gabon*. www.cnn.com/2002/TECH/science/09/30/gabon.parks

Stuart, C., and T. Staurt. 1995. *Africa: A Natural History*. Swan Hill Press, Shrewsbury, United Kingdom.

Theuerkauf, W.E., Y. Waitkuwait, H. Ellenberg, and S. Porembski. 2000. *Diet of forest elephants and their role in seed dispersal in the Bossematié Forest Reserve, Ivory Coast*. Mammalia 64: 447-460.

Thibault, M., and S. Blaney. 2001. *Sustainable human resources in a protected area in southwest Gabon*. Conservation Biology 15: 591-595.

Thorbjarnarson, J. 1992. *Crocodiles: An Action Plan for their Conservation*. IUCN, Gland.

Wall, D. 1998. *Visions of Africa*. New Holland Publishers Ltd., London.

Yates, D.A. 1996. *The Rentier State in Africa: Oil Rent Dependency and Neocolonialism in the Republic of Gabon*. Africa World Press, Inc., Trenton, NJ.

SUGGESTED SOURCES

Conservation International
www.conservation.org

CyberTracker
www.cybertracker.org

Dallmeier, F., A. Alonso, P. Campbell, and M. Lee. 2003. *Teeming life in Gabon's rainforest*. Zoogoer Magazine. 32: 5.

Gabon National Parks
www.gabonnationalparks.com
www.ecotourisme-gabon.com

Shell Foundation. *The Gabon Biodiversity Project*
www.shellfoundation.org/biodiversity

Smithsonian Institution
www.si.edu

Smithsonian Institution
Monitoring and Assessment of Biodiversity Program
www.si.edu/simab

The Energy and Biodiversity Initiative
www.theebi.org

The European Union On-Line
europa.eu.int

Ward, C., and L. Tangley. 2003. *Portraits in the wild*. Smithsonian Magazine, October.
www.smithsonianmag.si.edu/smithsonian/issues03/oct03/wild.html

Wildlife Conservation Society
www.wcs.org

World Wildlife Fund
www.wwf.org

ACKNOWLEDGMENTS • LES REMERCIEMENTS

The work featured in this book is the fruit of many efforts of individuals and organizations that contributed time, expertise, funding, and support in many forms. We wish to sincerely thank everyone whose collaboration and encouragement made this possible.

Les recherches décrites dans le présent livre sont le fruit des efforts soutenus de particuliers et d'organisations qui ont prodigué temps, expérience, financement et diverses autres formes de soutien. Nous désirons remercier sincèrement tous ceux et celles qui les ont rendues possibles grâce à leur collaboration et à leurs encouragements.

Scientists and field teams
Les scientifiques et les équipes sur la terrain:
George Angehr, Bruno Avame, Yves Basset, Debbie Bell, Major Boddicker, Henri Bourobou-Bourobou, Bill Branch, John Brown III, Marius Burger, Patrick Campbell, Patrice Christy, James Comiskey, Ginot Nang Essouma, Christina Gebhart, Luke Gibbs, Sylvain Guimondou, Ian Henderson, Féderico Hoffman, Troy Inman, Nadine Koumba, Sally Lahm, Sébastien Lavoué, Thomas Lovejoy, Jean Eric Mackayah, Jean Luc Mackayah, Marius Makanga, Jean Baptiste Makaya, Victor Mamonekene, Jacques Mavoungou, Marcellin Mbina, Serge Mboumba, Aimé Mboungou, Gauthier Moussavou, Joseph Mayombo, William McShea, Jean Bruno Mikissa, Emery Mikolo, Olivier Missa, Tchatcho Mouloumbo, Jean Hervé Mve Beh, Raoul Niangadouma, Raphael Ngangui, Patricia Ngoma, Frédéric Njem, Francis Njie, Thomas Nzabi, Franck Obame Meyet, Carrie O'Brien,

Jean Alain Pambo, Olivier Pauwels, Calvin Porter, Pedro Rivera, Lamine Sangare, Brian Schmidt, Steve Smith, Melissa Songer, Judicael Syssou, Landry Tchignoumba, Jean Pierre Tezi, Duncan Thomas, Elie Tobi, Anicet Tsandi, Jean Aimé Yoga, and Karina Zuniga.

Smithsonian Institution, Washington DC:
Lawrence Small, David Evans, Lucy Spelman, Jonathan Ballou, Carol Ailes, Francine Berkowitz, Robyn Bissette, Daryl Boness, Betty Epps, Rebecca Hamel, Leonard Hirsch, Mary C. Langlais, Yong Lee, Evelyn Lieberman, Julie Mason, Ellen Nanney, Tatiana Pacheco, Nell Payne, Mary Tanner, Christen Wemmer, and John Yahner.

Shell Foundation and Shell International:
Sir Phillip Watts, Brian Ward, Kurt Hoffman, Murray Jones, Sachin Kapila, Richard Sikes, Christopher West, and Saskia de Koning.

Shell Gabon:
Ida Aboughe Obame, Robert Armbrust, Alain Auterive, Faustin Bangole, Gerard Bos, Gordon Brown, Vianney de l'Estrange, Frank Denelle, Hilary Dussing, John Ferguson, Kevin Giles, Frank Jolin, Thijs Jurgens, Pieter Keemink, Stanley Kennard, Chris MacDonald, Raphael Minko, Ole Myklestade, Jonathan Payne, Roger Ratanga, Henny Reerink, Pierre Reteno N'diaye, Steve Retondah, Kees Smit, Eric Sossolisa, Jean Pierre Talon, John Wijnberg; Shell Gabon Departments or Services: CPS, HSE, IMT, OLS, AMS, ODE, PXR, the Management Team, and Sodexho.

Gabonese Government / Le Gouvernement du Gabon:
Président de la République gabonaise, El Hadj Omar Bongo;
Conseil national des parcs nationaux, René Hilaire Adiahéno;
Ministère de l'Economie Forestière, des Eaux, de la Pêche, Chargé de
l'Environnement et de la Protection de la Nature, M. Onouviet et M.
Doumba; Ministère de la Recherche et d'Enseignements Supérieurs;
La Direction de la Faune et de la Chasse, Emile Mamfoumbi-Kombila
et Adrien Noungou; CENAREST: IRET, Paul Posso; IRAF, Jean Daniel
Mbega et Alfred Ngoye; IPHAMETRA, Lucienne Nze-Ekekang et
L'Herbier National du Gabon; Mme Adèle Sambo; Les autorities de
Gamba – M. Le Prefet, Guy Paris; M. Le Maire, Guy Roger Monanga;
L'ambassade du Gabon aux États-Unis.

All who participated in the Stakeholder Workshop at the onset of the
project. / Tout le monde qui a participé à l'atelier de parties-
prenantes au commencement du projet.

Others / Autres:
CBG, José Bonnin; Cybertracker, Annabelle Honorez; EHTM-
Foundou, Jean Louis Guissiga et Gabriel Koumba; EU, Manuelle
Prunier; Gabon Vert, Ard Louis; Ibonga, Jean Pierre Bayé; Peace
Corps, Stanley Dunn et Jason Gray; Projet Loango; Setté Cama Safari,
Réné Serge; S.H.L.R.T., Louis Rigon; U.S. Embassy in Libreville and
the U.S. Ambassador to Gabon, Mr. and Mrs. Kenneth Moorefield;
WCS, Lee White, Mike Fay et Peter Ragg; WWF, André Kamden
Toham, Jean Bourgeais et Bas Huijbregts.

Photography / La Photographie:
While there is probably not a single researcher or field assistant who
did not in some way add to the photography in this book, the fol-
lowing deserve recognition for their direct contribution. / Chacun des
chercheurs et des assistants a probablement contribué à sa manière à
la réalisation des photos de ce livre. Ceci dit, le soutien direct des
personnes suivantes se doit d'être souligné :

Christopher Slaughter for photographic engineering and assistance /
pour la technique et le soutien; Yvonne Lai for photography contribution and support / pour ses contributions et son appui; John
Kaplan for push and direction / pour ses encouragements et ses conseils; Nick Nichols for inspiration and guidance / pour son inspiration et son apport; Peter Ragg & WCS for aerial services / pour les
services aériens; John Brown III, Troy Inman and/et Ian Henderson
for logistical support / pour leur soutien logistique; Jason Gray and
all local field staff for facilitating local access / et tous les employés de
Gamba pour avoir facilité l'accès aux sites; and Nikon Professional
Services for technical advice and product support / pour ses conseils
et son support techniques.

This book is a component of an environmental photojournalism project by Carlton
Ward Jr, towards a Master's Degree in Interdisciplinary Ecology from the University of
Florida, School of Natural Resources and Environment.

Committee members:
John Kaplan, chair - Associate Professor, College of Journalism and Communication
Allan F. Burns - Professor and Chair, Department of Anthropology